LAW & BUSINESS

法商圖書

THE ANTITRUST LAW IN DIGITAL ECONOMY ERA

数字经济与反垄断法

基于理论、实践与国际比较的视角

万　江◎著

法律出版社
LAW PRESS · CHINA
北京

图书在版编目(CIP)数据

数字经济与反垄断法：基于理论、实践与国际比较的视角／万江著. -- 北京：法律出版社，2022
ISBN 978-7-5197-7091-4

Ⅰ. ①数… Ⅱ. ①万… Ⅲ. ①信息经济－反垄断法－研究 Ⅳ. ①D912.294.04

中国版本图书馆 CIP 数据核字（2022）第 169942 号

数字经济与反垄断法：基于理论、实践与国际比较的视角
SHUZI JINGJI YU FANLONGDUANFA: JIYU LILUN、SHIJIAN YU GUOJI BIJIAO DE SHIJIAO

万 江 著

策划编辑 肖 越
责任编辑 肖 越
装帧设计 汪奇峰

出版发行 法律出版社
编辑统筹 法商出版分社
责任校对 晁明慧
责任印制 胡晓雅
经　　销 新华书店

开本 A5
印张 6.125　**字数** 122 千
版本 2022 年 10 月第 1 版
印次 2022 年 10 月第 1 次印刷
印刷 永清县金鑫印刷有限公司

地址：北京市丰台区莲花池西里 7 号（100073）
网址：www.lawpress.com.cn
投稿邮箱：info@lawpress.com.cn
举报盗版邮箱：jbwq@lawpress.com.cn

销售电话：010-83938349
客服电话：010-83938350
咨询电话：010-63939796

书号：ISBN 978-7-5197-7091-4　**定价**：68.00 元

凡购买本社图书，如有印装错误，我社负责退换。电话：010-83938349

万　江

江西南昌人，先后毕业于华东政法学院、武汉大学法学院、中国政法大学，获经济法学博士学位。主要从事反垄断法与竞争政策的理论研究和实务工作，先后在国务院反垄断执法机构、欧盟竞争执法机构、律师事务所以及阿里巴巴集团工作，入选多个省级反垄断执法机构专家咨询库，曾主笔起草多部国务院反垄断指南，主办和参与了众多有重大影响的反垄断案件，发表中英文反垄断法相关论文数十篇，出版专著《中国反垄断法：理论、实践与国际比较》等。

序

20世纪的第二个10年,我们面对庞然大物般的数字平台,担忧其将全面控制人类社会经济生活而试图施加干预。这一景象与130年前人们对托拉斯组织的畏惧如出一辙,与之不同的是,谢尔曼法出台时普通法和衡平法面对托拉斯这类新经济物种显得苍白而无奈。如今,100余年积累下来的反垄断法和反垄断经济学的理论与实践积累已经成为我们应对数字经济的智识宝库,面对新形态的数字经济,改革反垄断法和建立新竞争政策的路途任重道远,但至少我们不会像130年前那样无路可循。即便是激进的新布兰代斯学派,其树立的旗帜也是改革现有的反垄断法而不是推倒重来、另起炉灶。

正是在这一大背景下,本书并不像作者第一本书那般求全,没有从反垄断的ABC开始讲起,而是在反垄断法的既有框架下,极力去探索数字经济给现行反垄断法带来的挑战。2020年前后,国际反垄断领域的精英们不约而同地围绕数字经济问题先后出具了多份综合性研究报告,这些报告可视为当前阶段国际反垄断界对数字经济的思考成果汇总,且在基本观点上可谓是殊途同归甚至是不谋而合。就作者目力所及,国内学术界的相关思考也没有超越这些成果的范畴。在归纳反垄断视角下的数字经济特点之后,作者遵循传统的反垄断法框架分四章就相关市场分析界定、垄断协议行为、滥用市场支配地位行为以及经营者集中控制方面具备数字经济特点的问题展开论述,凡与传统反垄断基本原则和基本制度重合的部分都简而不论,这是本书的第一个特点。

本书第二个特点在于充分的理论与实践结合研究。除了关于数字经济基本特点的序章部分,其余各个章节的主要内容几乎都来自于反垄断法的各国实践案例,当然也包括中国的案例。由此可见本书的基本论述方法是归纳总结,试图在各个案例中找寻出共性,为构建可能的数字经济反垄断理论做一些尝试性工作。这当然也是与数字经济仍在发展以及反垄断法和竞争政策的转型也在过程之中相关的。正因为一切都还在路上,目前还远远谈不上成熟的理论、确定的原则，甚至大部分领域还缺乏明确的规则，这也是新布兰代斯学派被更多地称为“运动(movement)”的原因之一。

本书的最后一个特点甚至可谓是缺点的就是阶段性，数字经济在不断发展，并且是高速发展，几乎每天都是新的。例如，本书中有涉及手机操作系统的内容，善良的编辑在拿到书稿的那一刻就在提醒作者相关的论述有所遗漏，但作者恐怕不得不接受这种遗漏所带来的遗憾。总结性的论述无论具有多少前瞻性，都是落后于社会现实的，这一点在面对高速变化的数字经济尤其鲜明，只盼读者诸君在读过本书之后感到有所收获，足矣！

2022年秋于三里屯寓所

目录

序　章　反垄断法视角下的数字经济

互联网兴起于20世纪90年代中期,已经发展成为全球范围内的人们进行互动交流的网络载体。初期,人们还只是通过互联网进行购物或浏览新闻,如今互联网以及基于互联网的创新技术和产品已经渗透人们生活的各个领域。我们可以进行在线购物、网上支付、浏览和搜索资讯、与朋友进行互动交流等。互联网的速度、范围和规模以及强大的技术能力对人类社会正发挥着前所未有的价值作用,同时也深刻地、不可逆转地改变了我们的社会生活。随着互联网及其创新技术的发展,人们逐渐意识到正面临一种以互联网为载体的全新的经济生产生活方式,人类社会进入了一个全新的时代——数字经济时代。

在数字经济的时代背景下，全世界的人们都在思考如何促进数字经济的繁荣发展，同时也要防止数字技术变革给人类带来的危险与损害。过去的二十年间，数字市场不断裂变创生，集中化几乎是每个数字数市场的共同趋势，大多数数字市场到最后都仅剩下少数的数字企业，而这些经过激烈竞争生存下来的数字企业在规模和范围上不断膨胀，逐步成长为数字巨头，最终产生了令人担心的垄断力量。人们对数字巨头垄断的批评大多指向既有反垄断制度的失效和反垄断机构的失位。全世界反垄断机构和专业人员无论是主动地还是被动地都成为最早关注并试图回应数字经济时代挑战的一批人。2019 年，英国竞争与市场监管局和欧盟委员会分别委托顶尖经济学家团队就数字经济竞争政策问题出具了研究报告，前者被称作 Furman 报告，后者被称作 Crémer 报告或 Vestager 报告。当年稍晚些时候，美国 Stigler Committee 针对数字经济出具了一份全面的政策研究报告，具体分为反垄断、新闻与传媒、数据与隐私和政治影响 4 个子报告，该报告被称为 Stigler 报告。从内容看，Furman 报告、Vestager 报告和 Stigler 报告是彼此相通且互有借鉴的，因此在结论上基本是一致的，代表了当前国际反垄断界的主流意见。[①] 上述三份报告直接影响了 2020 年 10 月美国国会众议院司法委

① Jason Furman et al., *Unlocking digital competition-Report of the Digital Competition Expert Panel*, 2019; Crémer, J., Y. de Montjoye & H. Schweitzer, *Competition policy for the digital era*, DG Comp of EC final report, 2019; Stigler Committee, *Stigler Committee on Digital Platforms-final report*, 2019.

员会经过16个月调查形成的《数字市场竞争状况调查——多数派报告和建议》(以下简称《数字市场调查报告》)。随后,全世界掀起了一场针对数字经济领域的执法浪潮,各国政府执法机构对数字企业或数字平台的执法主要集中在反垄断、数据和隐私保护、新闻和舆论控制等方面,其中,反垄断执法是当仁不让的主要方向,这股执法浪潮方兴未艾,数字经济时代的运行规则似乎面临重塑,伴随这一过程人们对数字经济时代的竞争政策取向和反垄断法律改革问题的思考远未结束。

一、反垄断视角下数字经济的特性

关于数字经济的特殊性,网络效应、多边市场性、规模效应、赢者通吃、长尾效应等都被反复提及,其中有些是数字经济呈现的表象特征,有些是数字经济的模式创新带来的新特征,有些是因有些是果,而且数字经济本身内部分化,有些特性也并非所有数字经济都具有。竞争政策理论和反垄断法关注的是市场结构、市场力量、市场进入壁垒、市场行为等,在反垄断视野下看数字经济,就是在竞争政策和反垄断法所关注的范畴内看数字经济的特性带来的变化。

(一)规模经济

在传统线下市场上,企业分销产品的物理性成本如开设实体门店、产品流通的成本等是始终存在的,因此线下企业的规模并不是越大越好。数字企业的主要产品是“虚拟的”信息服务，几乎不存在以上的物理性成本，有的可能是互联网基础设施成本，跨地域或跨国界扩张所面临的市场准入或文化融合的成本等，这些成本相比于线下实体企业的分销成本几乎不值一提。数字企业每增加一个用户，其成本负担不会相应增加，企业规模越大其平均成本反而大幅下降。当然，数字企业在创设产品之初的固定投资是巨大的，这意味着数字企业的固定成本畸高，而边际成本几乎可以忽略，这种特性令数字企业天然地谋求规模性，这种规模效应带来的加速回报，会刺激数字企业乐于从一开始就去做固定成本的投资以创造吸引消费者的产品，最终获得的用户基础越大，企业享受的单客成本就越低。规模效应在集成性产业如汽车制造等领域也同样存在，但数字企业的规模经济效应相比汽车制造企业显著得多。

（二）数据积累

规模化的数字企业在拥有庞大用户基础的前提下，可以通过开发新的产品向上、下游关联市场扩张来降低成本，提升服务品质。例如，提供电子邮件服务的平台，整合地图软件就可以为消费者提供更高质量的酒店推荐服务，拥有更多消费者数据也可以大大提高数字企业投放定向广告的精准度。毫无疑问，数据在其中扮演关键角色。基于消费者的个人数据向消费者推送定向广告，曾经并且依然是大部分数字企业的主要盈利方式。如今，数据对于数字企业经营的作用也在拓展，电商平台可以基于消费者数据做个性化推荐促进消费,金融科技企业可以基于消费者数据建立消费者征信档案开发在线金融产品。数字企业在寻求获取大量数据的同时,也希望获取更丰富类型和维度的数据。此外,数字企业可以利用海量和多维度的数据开展机器学习,高效的机器学习会带来更优质的商业洞察,从而有助于不断提升其产品品质,扩展经营范围,拓展关联市场,反过来又可以在更大范围内获得更多的用户和用户数据。总之,数据分析能力和机器学习技术的发展提升了数字企业的范围经济效应的反馈,又进一步促进数字企业在关联市场的拓展。

(三)网络效应

数字经济中几乎无处不有网络效应。间接网络效应包括直接网络效应和间接网络效应。直接网络效应,典型存在于即时通讯、社交网络平台;间接网络效应,又可分为正向间接网络效应和负向间接网络效应,前者以相亲网站、电商平台表现最为典型,后者则以(在线搜索、社交网络、社交媒体等的)在线广告网络为代表。由于网络效应,消费者的福利都是基于其他用户也在同一个网络而产生的,这会造成市场集中化的倾向。如果网络效应相对较快的耗尽(如即时通信应用程序)或偏好上存在异质性(如青少年不愿意与其父母使用相同的社交网络)时,市场结构会呈现寡头竞争格局,而不是一家独大。在数字企业激烈竞争的初期,网络效应会促成有利于消费者的竞争。竞争者为抢占市场份额会尽可能地向消费者提供“质高价低”的产品或服务,也即竞争呈现“攀比效应”,竞争者需要通过这种攀比性质的竞争成为市场上唯一或少数能活下来的那个。例如,在出行服务的发展初期,滴滴和快的各自都在努力通过巨额补贴消费者抢夺市场份额,Uber 和 Lyft 也同样存在类似的“竞争”,据称仅 2016 年给消费者的补贴就占据了 Uber 成本支出的 40%。

(四)“免费”的产品

数字平台普遍都标榜自己向消费者提供的是免费的服务,并以此作为申请免受反垄断监管的理由之一。其实,鉴于平台的双多边性和间接网络效应,平台企业普遍采取的是面向消费者免费而向另一侧商户收费的定价策略,面向消费者的成本收益一并计算在平台另一侧的收费中,最终仍然通过商家由消费者承担。如果将平台两侧的市场综合界定为一个相关市场,则平台向一侧市场用户(商家)收取的价格就可以作为平台向所有用户(包括消费者)收取的价格,从而在个案中建立起正常的“成本—价格”反垄断分析框架,顺利解决“零价格”给反垄断法实施带来的困扰。另外,所谓的免费服务,只是数字平台企业在消费者端设定了零价格,但同时对消费者设置了非货币化的条件和义务,以定向广告为例,消费者面对平台放弃或部分放弃他们的数据和隐私权利,平台利用积累的消费者数据向不同消费者推送定向广告以谋利,本质上消费者是以他们的隐私和信息作为对价享受了数字平台提供的“免费”服务,因此,那些信息和数据就是市场价格的体现。数字平台滥用其市场力量的方式之一就是要求消费者同意那些不清晰、难懂且不断更改的用户协议和条款,这些都给了平台货币化消费者个人数据的自由,而且绝大部分消费者并不知道他们的数据被采集并被转卖了。在早期,人们没有认识到数据的经济价值和消费者隐私的损害后果,但显然越来越多的人包括绝大多数的反垄断机构和数据监管机构都认识到数据和隐私就是消费者享受数字服务所付出的最主要的对价。

(五)用户多栖和单栖性

在有些数字市场中,企业提供的服务高度同质化或者要同时使用多个服务非常耗费时间,因此,消费者通常不愿意同时使用多个服务,这类市场中的用户我们通常认为具有“单栖性”。在另一些市场中,确实存在一些实质差异化的产品或服务,而且用户不需要投入过多的时间或资源,平台各侧的用户都会愿意同时使用多个服务,具有“多栖性”,这通常意味着消费者会在手机上下载多个类似服务的 App,或者商户会在多个竞争性平台上开店卖货。

用户的单栖性会加剧平台的市场力量,平台企业都会尽力吸引用户单栖在该平台上,如果用户可以在多个平台之间自由切换,平台面对用户的谈判能力也会降低,所以面临多栖性挑战的数字平台会通常都倾向于限制用户在平台之间自由切换,采取的手段可能包括拒绝平台间的可互操作,限制用户的数据迁移,限制商户的商业评价迁移等,如 Google 就限制来自竞争对手如 Yelp 的用户(商户)在搜索窗口中直接展示他们的信息;以及采取独家协议或价格匹配协议的方式留住用户、捆绑服务等。例如,用户在某个定位导航平台预订机票并记录在其日历中,导航平台会提前提醒用户合适的出发时间,而如果该用户在其他平台预订机票,该提醒服务显然是没有的,甚至其获得的导航服务品质是低劣的,除非该用户的数据可以被其竞争对手读到。

以上所列诸项特性并非数字经济所独有,例如规模经济也广泛存在于机械制造工业经济领域,网络效应在其他具有平台属性的银行卡、媒体广告等行业也都有,但是数字经济聚合了这些特性,再加上数据和算法技术的发展,使如今数字经济呈现市场高度集中、壁垒高筑的面貌。

首先,规模经济和范围经济效应与网络效应叠加之后,使数字企业天然地要追求规模化,这也意味着数字市场是天然倾向集中化的。事实上,除了少数的如在线交友市场外,绝大多数的数字市场最终都为"独角兽"企业独占或少数寡头企业所垄断。当然,不同的数字市场各有特点,导致市场集中的原因未必一样。例如,社交媒体市场主要是因为直接网络效应,而电商市场则可能是因为提供了高效且低成本的服务,间接网络效应以及规模和范围经济效应也起到了重要作用,在线搜索市场则是因为为用户提供的搜索结果更快、更准确以及双边市场的间接网络效应带来的正反馈循环效果等。

其次,数字市场集中化的结果就是市场被颠覆(tipped)。

当企业达到或突破临界规模时就会导致市场高度集中形成个别企业垄断市场的情形，也就是所谓的“赢家通吃”，市场被“颠覆”，竞争从市场内部切换到数字巨头企业对不同市场的争夺。在竞争者为成为最终赢家的过程中，企业为了快速扩张规模而开展的激烈竞争可以使消费者短期获利，但最终的赢家会独吞所有的垄断利润。市场被“颠覆”后，赢得竞争的企业成为市场上仅存或少数的既存企业，它们可以基于运营规模、数据规模建立巨大的成本优势。市场的新进入者很难在短期内迅速积累具有竞争力的用户规模（网络效应）和运营规模（规模经济），达到并突破临界规模，实现有效率的经营。它们唯有通过显著创新的方式打破既存垄断者的网络效应优势，但这种创新进入很难快速突破市场临界规模，而且如果既存平台借助已有的市场力量削弱或排挤潜在的市场进入者，该潜在竞争对手进入市场的意愿也会被遏制，这时只能通过竞争政策的干预，打破市场进入壁垒，维护市场竞争。

再次，数据资源越来越成为数字市场的主要壁垒之一。数字产品的品质越好就会吸引越多的用户，这种正向反馈循环使数字经济领域强者越强弱者越弱的效应突出。数据在算法和AI的训练、迭代上起到关键作用，这会进一步提升企业在吸引流量、个性化推荐、精准投放广告等方面的能力，也会不断强化企业的用户基础，而网络效应会令企业用户基础不断扩大，进一步提升企业收集数据的数量和范围，如此反复循环，企业不断壮大。正是由于这种正反馈循环效应，数字平台才会有强烈的冲动要领先于竞争对手,因为很小的领先优势就会转化为很大的竞争优势,为了维持和扩大竞争优势,那些既存企业有很强烈的冲动去限制数据的开放、可互操作性、可携带性的政策,甚至采取更直接的反竞争手段参与市场竞争。

最后,行为经济学的研究表明消费者的行为也会带来市场壁垒。第一,数字经济时代,信息流通增加,物理性的障碍减少,人为因素增加了市场产出的摩擦力,在做决策的时候,消费者的偏好会被人为操作利用,消费者会慢慢被引导到超级产品上去,这对于市场新进入者来说都是不利的。一些小的差异就会对消费者的选择产生重大影响,例如,消费者默认使用特定的浏览器,就会成为该浏览器的护城河;消费者通常不愿意更换其手机上默认的 App,如果消费者自主作出更多选择,将会面临更多琐碎的动作,包括下载和安装、打开、点击新的应用程序。消费者如果不愿意在不同的搜索引擎中搜索相同的内容,并且比较搜索结果,他们就永远不会发现那些默认使用的搜索引擎的相对品质如何。第二,消费者会更看重当前利益而不是远期利益。例如,消费者搜索某个问题的答案都会倾向于点击第一个结果或推荐的结果,而不是往后翻查更多的搜索结果,这种倾向也会成为那些控制展示内容的平台维护其市场力量的护城河。类似地,消费者对当下满足的偏好会导致其放弃隐私权利;既存平台可以利用其既有的市场地位大肆收集这些消费者的数据。第三,另一个源于消费者的市场壁垒是单栖性。多栖的用户会同时在多个购物平台上比较商品的价格、品质及售后服务等。用户的单栖性会赋予平台以市场力量,即便用户有能力同时使用多个服务平台,也只有在多栖性成本足够低的情况下才会这么做。因此,令用户多栖更加简单是鼓励竞争的关键因素。

二、反垄断法面临数字经济提出的挑战

数字经济对于竞争政策或反垄断法而言,真的是一个全新的现实挑战吗?它所具有的网络效应、集中倾向等问题与过去已有的有什么不同?有一种意见认为,数字经济的问题不需要反垄断法的特殊干预,数字市场会自动修正并解决其可能带来的损害。反对政府干预的人鼓吹技术发展的动态性和多元化,破坏性创新和企业自身对研发的投入足以维持市场的有效竞争,强调自由市场、不干预策略以及过度干预的成本等。诚然,即便市场高度集中也并不意味着市场的竞争就消失了,市场内的竞争被削弱了,企业间争夺市场的竞争仍然存在,只要还存在为满足消费者需求的竞争,任何一个企业维持和巩固市场垄断力都会面临压力。那些数字市场上的巨头们仍然在致力于提升它们的服务、扩大投资和努力创新,就是因为时刻面临被新进入者取代的威胁,如同 Facebook 取代 Myspace,Google 取代 Yahoo 一样。其实不仅在数字经济领域,在实体经济领域,Nokia 和 Motorola 被 Apple 取代,柯达被数字相机取代都是例证。毫无疑问,有效的技术进步和创新会迅速清除发展的瓶颈并且维持活跃的竞争,例如,股票在线交易软件 Robinhood Markets 将股票交

易的佣金费率压减到零，逼迫市场竞争者内卷，即便是 JP Morgan 这样的大券商也不得不向消费者提供免费的股票交易软件；同样，Amazon 和 Wal-Mart 争相发展快速且廉价的送货服务，也逼迫市场上其他的竞争对手跟进。

的确，有些市场是可以自我修正的，但是数字市场因为网络效应、规模和范围经济、边际成本和分销成本趋于零以及消费者行为偏好等因素造成的市场壁垒很难在不受干预的情况下自我修正。现实情况也证明数字平台的市场力量在逐渐固化，市场壁垒显著，市场很难通过自我修正回到竞争性的状态。Google 在通用搜索领域的独家垄断地位已经持续了近 20 年，而 Facebook 作为社交网络市场的霸主也已经有十年之久了；在规模上，以 Google、Amazon、Facebook、Apple 为代表的数字经济巨头达到了前所未有的高度，2005 年新闻集团收购处于巅峰的 Myspace，其全球月活用户不过 1 亿而已，市值仅 5.8 亿美元，如今取而代之的 Facebook 仅在英国的月活用户就有 4 亿，全球用户达到 23 亿，2019 年的市值已经达到 4700 亿美元。早期的数字企业很少利用积累的消费者数据进行商业化，2003 年以后机器学习的算法技术发展起来，消费者数据积累也已经成为筑高市场壁垒的重要因素。

芝加哥学派的信徒成功地说服政府相信市场能够快速自我修正，也在很大程度上约束了政府的反垄断监管政策。过去的十余年间，数字经济领域的反垄断监管宽松，市场缺乏有效干预，导致市场力量不断膨胀，削弱创新，企业的寻租能力和对社会的控制力不断提高。现状已经表明,仅靠市场机制很难解决数字经济发展中的问题,而反垄断理论不做更新或调整也是很难应对数字经济的挑战的。例如,数字平台的多边性就给反垄断法带来了非常大的挑战,尤其在市场界定上给法院或执法机构带来很大的困惑。两个通用搜索平台不仅在通用搜索市场上有竞争,也可能分别提供社交媒体或地图导航等其他服务,在分析在线广告市场时,法院或执法机构不仅要考虑广告主与消费者之间的关系,还需要考虑消费者与平台之间关于数据和平台服务的市场,而这个市场往往又都是免费的,更增加了分析的难度。2018 年美国最高法院审理的 Ohio v. American Express Co. 案,9 个大法官中有 5 个对该领域的反垄断执法投了反对票,认为美国运通公司(American Express Co.)作为交易平台为消费者和商户之间的实时交易带来了便利。这个案件虽然获得了一些保守派人士的称赞,但引来了反垄断界广泛的批评,专业人士认为大法官们没有真正搞懂多边市场问题。此外,多边市场的定价是彼此依赖的,意味着单边市场价格并不能准确反映成本,这可以表现为高额非竞争性边际利润或低于成本的掠夺性定价问题。总体来看,数字经济至少在以下几个方面给反垄断法带来了系统性挑战。

首先,数字平台给传统反垄断法的并购控制制度带来了一些新的挑战。鉴于数字经济的“赢家通吃”的特性,并购很少发生在大型平台之间,更多是大型数字平台收购较小的企业。在数字经济环境下初创企业可能给既有的支配性平台以竞争压力，但是在既有的反垄断并购控制规则下要保留未来的潜在竞争，是非常难的，因为执法机构很难判断在收购发生的那一刻，被收购的初创企业是否能发展为并购方未来的竞争对手，而如果控制过度，对并购市场和风投市场又会带来损害。

其次，反垄断法没有能力阻止数字市场的集中化和数字企业市场支配力的持久化，也就是说在反垄断法无法在数字经济的市场结构上有更多作为的情况下，行为监管方面同样面临巨大挑战。反垄断经济学将滥用市场支配地位的行为分为排挤性和剥削性两类。数字企业的排挤性行为主要通过增加消费者的黏性以及切换平台的成本，排挤平台之间的竞争。而剥削性行为主要是数字平台对消费者或商户的高价剥削。一般来说，数字平台以免费的方式吸引消费者使用其服务，代价是消费者的注意力（流量）和个人数据，平台再利用这些流量和数据去卖广告。传统反垄断分析框架都是以货币化价格为基础的，面对数字平台的零价格策略以及不断变化的服务品质（服务内容、隐私保护、内容供给等）变化，反垄断法缺乏经验和分析工具，面临巨大挑战。这一方面是因为服务品质变化不同于价格，很难量化，另一方面价格可以随着服务品质调整，作为度量产品品质的标准，但是如果价格不存在了，执法者就很难找到量化品质变化的参考指标了。此外，由于数字平台具有巨大的规模效应和网络效应，其有些针对竞争对手的行为可能会逃过既有的反垄断法的监管。例如，抄袭竞争对手的创新或者不计成本地为消费者提供增值服务，或者要求竞争对手必须向其开放数据等，平台还可能通过排他性协议或忠诚协议在多边市场的一边形成单栖性,从而排挤竞争对手实现市场的单极化。这些行为当然往往也具有经济效率,现有的反垄断法很难挑战这些行为。

最后,为了吸引更多的消费者驻足停留甚至长期依附,数字平台具有发展数字经济生态的冲动和需求。一个成功的数字经济生态对消费者也是有巨大价值的,这又给反垄断执法带来了两个问题。第一,数字平台的外围生态平台本身可能发展出与数字平台竞争的能力,这是数字平台不愿意看到的,但目前的反垄断执法对此是缺乏感知的。例如,本地生活服务 Yelp 可以为 Google 的内容供给提供补充,人们可以从 Google 上找到 Yelp 的店铺点评信息,但是 Yelp 本身也是一个搜索引擎,可能发展为 Google 的竞争对手,Google 也可以通过其地图业务发展出店铺点评市场的竞争力,这种情况下 Google 就可能对 Yelp 采取封锁措施。第二,当数字平台看到其生态体系内部某个领域利润增长强劲时,它也有倾向大举进入该领域,这种情况下数字平台就可能排挤提供补充业务支持的外部生态企业,如限制该生态企业接入平台或限制其互操作的能力,提高其接入成本,限制导流等,这些可能涉及自营优待的行为对于反垄断法也是新的问题。

三、反垄断法对数字经济的最新回应

20 世纪 50 年代,芝加哥学派作为一种新的反垄断思潮不断地冲击哈佛学派建立的反垄断经济学范式,1977 年美国最高法院对 GTE Sylvania 案作出创造性的判决,标志着芝加哥学派真正成为反垄断经济学的主流,真正影响反垄断法的实施,到如今芝加哥学派已经主导反垄断经济学达半个世纪之久。① 芝加哥学派将产业组织理论和新经典价格理论引入反垄断分析范式,主张反垄断法的唯一目标是"令消费者福利最大化",修正了哈佛学派建立的 S - C - P 的结构主义反垄断分析范式。在新的分析范式下,对竞争的损害被解释为对分配效率的损害,包括导致更高的价格或更低的产出。当然,有学者认为这种新的范式是芝加哥学派与哈佛学派妥协的结果。②事实上,芝加哥学派主导反垄断理论仅十余年后,就不断面临所谓"后芝加哥学派""新哈佛学派"等新思潮和理论的质疑和挑战,代表性人物包括 Herbert Hovenkamp、Carl Shapiro 等。③"后芝加哥学派""新哈佛学派"等对芝加哥学派的一般性理论包括一些假设性条件的合理性提出了质疑,但仍然是在经济学技术范畴内讨论和完善反垄断理论,是反垄断理论的自我进化,并没有颠覆芝加哥学

---

① *Stigler Committee on Digital Platforms-final report*, p. 92.

② William E. Kovacic, *The Intellectual DNA of Modern U. S. Competition Law for Dominant Firm Conduct: The Chicago/Harvard Double Helix* , COLUM. BUS. L. REV. 1, p. 47 - 50(2007).

③ Herbert Hovenkamp 认为自己属于不同于后芝加哥学派的新哈佛学派,并且对新布兰代斯主义提出了严厉的批评, See ChrisTopher s. Yoo, *Herbert Hovenkamp as Antitrust Oracle: Appreciating the Overlooked Contributions of the New Harvard School* , Concurrences(Feb 14, 2022), https://awards. concurrences. com/IMG/pdf/document_24_. pdf?75018/29b941f1dcd7c555f4bd506224f81c69282be53e。

派和哈佛学派所建立的反垄断分析范式和框架。因此,2007 年 4 月,美国国会反托拉斯现代化委员会提交给国会的报告称"美国的反托拉斯法是完美的",法官、执法机构和其他从业者都认为保障消费者福利是反托拉斯法的目标。2017 年,美国律师协会反托拉斯分会的报告也给出了类似的意见。[①] 其实,早在 2010 年前后,当时的数字经济或互联网经济方兴未艾,就有一小部分美国学者对芝加哥学派的反垄断理论提出颠覆性的批评,但声量较小没有引起反垄断界的重视,甚至被主流学者认为其观点缺乏严肃理论基础,不值一驳。2016 年以后,随着数字经济的蓬勃发展,给既有的反垄断体系提出的挑战越来越大,他们的观点才逐渐被人重视,代表性学者包括哥伦比亚大学的吴修铭(Tim Wu)、耶鲁大学的 Lina M. Khan 等。2018 年,吴修铭出版了《大之诅咒:新镀金时代的反托拉斯》一书,被视为 1934 年美国最高法院大法官布兰代斯(Louis D. Brandeis)同名书的现代回响,Lina M. Khan 在 2020 年为本书写的一篇书评中,将包括吴修铭和其本人在内的一些学者关于美国反托拉斯法的新主张归纳为"新布兰代斯学派"(Neo-Brandeisian school)。[②] 该学派与芝加哥学派、后芝加哥学派等最大的不同在于认为反托

---

① Lina M. Khan, *The End of Antitrust History Revisited*, Havard Law Review. 133, p. 1655 – 1682(2020).

② Lina M. Khan 在这篇书评中谈及新布兰代斯学派时还列举了 Barry C. Lynn, K. Sabeel Rahman, Sandeep Vaheesan, Frank Pasquale, Sanjukta Paul, Maurice E. Stucke, Marshall Steinbaum, Zephyr Teachout, Matt Stoller 等学者和他们的文章。

拉斯法的目标不应局限于消费者福利,而应该定位于社会公平正义乃至民主,重心应当回归到《谢尔曼法》的立法初衷即限制集中化的私域权力(private power)上来,进而主张应当加强反垄断法的实施。2019 年,英国竞争与市场监管局和欧盟委员会竞争总司分别委托专业经济学家团队就数字经济竞争政策出具一份研究报告,前者被称作 Furman 报告,后者被称作 Crémer 报告或 Vestager 报告,这两个报告和稍后美国 Stigler Committee 出具的所谓 Stigler 报告合称为关于数字经济竞争政策的三大研究报告。三份报告对于数字经济的看法趋于一致,提出的建议殊途同归,这些建议直接影响了 2020 年 10 月美国国会众议院司法委员会发布的《数字市场调查报告》。以上 4 份报告凝聚了国际反垄断界关于数字经济的主流共识,最终推动了 2020 年之后全球各反垄断司法辖区对数字经济的竞争政策大转向。美国《数字市场调查报告》的核心起草人之一就是 Lina M. Khan,报告可以明显看到 Lina M. Khan 在 2017 年发表的著名论文《亚马逊的反托拉斯悖论》以及吴修铭此前提出的关于美国反托拉斯法各项改革主张的痕迹。2021 年 3 月,美国当选总统拜登任命吴修铭担任其科技与市场竞争政策特别助理,6 月,Lina M. Khan 被任命为新一届联邦贸易委员会(FTC)主席,11 月,被视为反 Google 派的竞争法律师 Jonathan Kanter 被拜登任命为司法部反托拉斯局局长。自此,在政策执行层面,“新布兰代斯学派”真正对美国反托拉斯法和竞争政策产生实质影响。

第一章　数字经济的基本元素

第一节　数　　据

一、数据的概念和类别

数据是一个很难直接定义的概念，在反垄断法背景下讨论的数据主要指个人数据，根据欧盟《通用数据保护条例》(General Data Protection Regulation, GDPR)，个人数据是指与已识别或可识别的有关自然人(数据主体)的信息。中国的《数据安全法》则将数据定义为“任何以电子或其他方式对信息的记录”。

个人数据可以分为结构化数据、非结构化数据和半结构化数据，所谓结构化数据，是指按照一定标准聚合打通的数据，例如消费者的地址数据可能就包括了消费者的姓名、住址、年龄、电话号码等，结构化数据更易于用于商业目的，因此一般来说具有更大的经济价值，非结构化的数据通常需要基于更先进的算法来实现商业价值。①

根据数据获得的方式或渠道，可以分为个人主动提供的（volunteered）、被观察到的（observed）和被推演出的（inferred）数据。2011年1月，由世界经济论坛联合贝恩公司共同发布的《个人数据：一类新资产的浮现》（Personal Data：The Emergence of a New Asset Class）报告中首次提出这三大类数据的概念，此后被法国、德国（2016年）和欧盟委员会（2019年，Vestager报告）的竞争执法机构以及OECD（2019年）等的研究报告采信。所谓"个人主动提供的数据"，是指个人因使用数字产品所贡献的数据，例如，姓名、电邮、照片、视频、日程、评价或社交媒体如微信朋友圈或微博上的发文等，直接由个人产生的更加结构化的数据如电影评分、对一首歌或网文的点赞等都可以视为个人主动提供的信息。"被观察到的数据"是指因用户或机器终端的行为而自动被获取的行为性数据，例如被手机追踪的移动信息、车行道路信息数据，登录网站或第三方软件后的行为信息也会被追踪采集，物联网的发展意味着每台机器的运行和动作都会被记录并产生大量的数据。"被推演出的数据"可以表现为

---

① Autorité de la Concurrence & Bundeskartellamt, *Competition Law and Data*, 2016, p. 6.

一个买家或音乐爱好者的个人画像，即关于个人购物偏好、信用评级的综合画像或预测结果等信息数据。① 当然，三类数据的划分并不是绝对的，仍有彼此交叉的灰色地带。

此外，Vestager 报告根据数据使用方式将数据分为 4 类：匿名（anonymous）数据、非匿名（non-anonymous）数据、聚合性（aggregated）数据和情境性（contextual）数据。与之类似，ISO/IEC 将个人数据分为身份明确的数据（identified data）、隐名化数据（pseudonymised data）、无关联的隐名化数据（unlinked pseudonymised data）、匿名化数据（anonymised data）、聚合性数据（aggregated data）5 种类型。② 所谓"非匿名数据"是服务于个人的数据，如利用用户在一个音乐 App 的听歌信息向其推荐其他的歌曲。所谓"匿名数据"是指服务于不特定人的个人数据，包括用于训练机器学习算法的数据或用于不同于采集初衷的数据，例如通过利用皮肤照片数据训练深度学习算法去识别皮肤病灶，或者是通过汇集电影的评价数据向公众推荐电影（协同筛选，collaborative filtering）。所谓"聚合性数据"是指被不可逆的聚合后更加标准化的数据，如销售数据，国家统计数据，公司的损益表等。所谓"情境性数据"是指如路网信息数据、地图数

---

① Crémer, J., Y. de Montjoye & H. Schweitzer, *Competition policy for the digital era*, DG Comp of EC final report, p. 24 – 25.

② ISO/IEC, *Privacy enhancing data de-identification terminology and classification of techniques*, ISO (June 28, 2021) http://www.iso.org/standard/69373.html.

据等,这些都不是源于个人的数据。①

与个人数据最直接相关的是个人隐私保护和个人信息权利的问题。欧盟 GDPR 规定了一系列的数据权利,如个人数据接入权、修正不准确个人数据权、被遗忘权(或擦除权)、可携带权等。然而,在反垄断法的背景下讨论数据问题,主要对象是聚合性的"大数据",因为大数据才能产生经济价值,引发经济上的垄断力或市场支配力问题。当然,讨论大平台或大企业面向个人采集、占有、运算和使用其个人数据(可能是碎片化数据也可能是结构化数据),个人隐私保护或个人信息权利也会成为对象,并进入反垄断法的视野中形成交叉法域问题。

二、数据的可携带性和可互操作性

如果将数据视为一种财产,数据权利自然就会被提出,然而截至目前,何为数据权利以及包含哪些具体的内容并没有达成足够的共识。2018 年,欧盟颁布了 GDPR,为企业处理消费者数据设定了一套规则,成为全世界各国进行数据立法的主要参考蓝本。GDPR 第 20 条确立了数据可携带的概念,欧盟的《支付服务指令二》也明确规定银行在消费者明示同意的前提下应允许第三方接入消费者支付账户数据。根据 GDPR 第 20 条,"数

① Crémer, J., Y. de Montjoye & H. Schweitzer, *Competition policy for the digital era*, DG Comp of EC final report, 2019, p. 25 – 29.

据主体有权获得其提供给控制者的相关个人数据，且其获得的个人数据应当是经过整理的，普遍使用的和机器可读的，数据主体有权无障碍地将此类数据从一个控制者那里传输给另一个控制者"。这为消费者转换使用不同的数据驱动服务提供了便利。例如，消费者可以很轻松地将在某个社交网站上发布的内容或中意的歌曲数据转移到其他竞争性网站，从而免于陷入"数据性锁定"的情形。然而，GDPR 关于数据可携带权的规定仍然是模糊的，GDPR 第 20 条第 1 款所指的"数据主体向数据控制者提供的数据"似乎只是指"自愿提供的数据"，数据可携带权所覆盖的数据是否包括被观察到的数据并不明确，实践操作中应该是包括此类数据的，但大部分人都认为被推演出的数据应该不在其中；第 4 款规定数据可携带权的边界是建立在不损害他人数据权利基础上的，这显然给个人数据的可携带带来了实操性障碍；而且，关于数据可携带的具体流程、频率、格式以及数据提供的及时性等问题 GDPR 都没有给出答案。美国到目前为止还没有在联邦层面制定关于数据权利的法律，在州的层面仅有 2020 年年初生效的美国加州《消费者隐私法》规定了数据可携带权。2021 年 6 月，美国国会 23 位众议员提交给众议院司法委员会的《通过实现服务切换来增强兼容与竞争的 2021 年法案》（ACCESS 法案）中提出的数据可携带是指"建立一套透明的、第三方可接入的接口（包括 API），以便用户数据可以安全的、结构化的、正常使用的、机器可读的形式转移给用户，或在用户同意下转移给用户指定的某个企业"。2017 年，澳大利亚政府立法确认了包括数据可携带权在内的消费者数据权利,并且首先在银行业、能源业、通信业等行业实施。中国 2021 年颁布实施的《个人信息保护法》第 45 条规定了个人信息的可携带权,“个人请求将个人信息转移至其指定的个人信息处理者,符合国家网信部门规定条件的,个人信息处理者应当提供转移的途径”,而个人信息是指“以电子或其他方式记录的与已识别或者可识别的自然人有关的各种信息,不包括匿名化处理后的信息”。总之,从目前世界各国的立法进度来看,确认消费者的数据可携带权是一个大的趋势,但是在实践中如何具体操作仍然存在不少疑问,在现实的数字经济运行中也没有出现大规模的数据携带的现象。

虽然,数据的可携带性被普遍认为有助于抵销大型数字平台对用户的谈判优势,能够遏制平台的市场力量及其滥用市场力量的行为。但数据的可携带性也可能给数据控制者,尤其是那些非支配性企业如小企业和初创企业带来更多成本,进而排除竞争,损害消费者利益。而且企业为采集数据需要进行大量投资,如果这些数据是很容易转移的,那么企业的投资意愿自然就下降了。也许是考虑到这个因素,美国加州的《消费者隐私法》着重于约束对那些收入超过 2500 万美元且一半以上的收入来自消费者信息销售的企业,欧盟的 GDPR 对中小企业的约束也更少。[①]

---

① OECD, *Data Portability, Interoperability and Digital Platform Competition*, OECD Competition Committee Discussion Paper, 2021, p. 38.

因此，有一些专家建议，GDPR 中关于数据可携带权的范畴应该严格限定于企业控制的“原始”数据，而且是对于创新必不可少且缺乏替代性的数据，不包括推演出来的数据。

数据的可携带性与数据的可互操作性往往相提并论，后者又和“协议的可互操作性”（protocol interoperability）概念存在混同。有学者将数据的可操作性进一步分为纵向的可互操作性和横向的可互操作性。[①] Vestager 报告对“协议可互操作性”、“数据可互操作性”和“完全可互操作性”做了细分，协议可互操作性指不同系统可以一起工作并提供互补性的服务，典型的操作系统的兼容等；数据的可互操作性相较于数据的可携带性更进一步，是实时地、标准化地接入数据主体或机器用户行为有关的数据，典型如 API，数据的可互操作性依赖于一定程度的协议可互操作才可实现；完全可互操作性是指两个以上的可替代性服务的可互操作，如移通信网络、短信、电邮、文件格式等，这是比协议的可互操作更深刻的融合和标准化。[②]

总之，数据的可携带性是指数据主体或机器用户可以将他或她的数据从服务甲转移到服务乙，当然这些数据包括的是数据主体资源提供的数据和被观察到的数据，不包括被推演出的数据。数据的可互操作性与数据的可携带性类似，不过是实时

---

① OECD, *Data Portability, Interoperability and Digital Platform Competition*, OECD Competition Committee Discussion Paper, 2021, p. 12.

② Crémer, J., Y. de Montjoye & H. Schweitzer, *Competition Policy for the Digital era*, DG Comp of EC final report, 2019, p. 83 – 85.

的、标准化地接入数据主体或机器用户的数据。目前，数据的可互操作性主要通过 API 机制实现，即用户授权服务甲的 API 接入其在服务乙上的数据。从竞争影响的角度考虑，GDPR 所规定的数据可携带性应该被解释为保障数据主体对数据的控制力，有助于抵销数据化锁定（Data-induced lock-ins）效应，便利于在不同平台的转换，也可以为匿名数据和聚合性数据的接入带来便利，当然也要考虑到数据可携带权给数据控制者带来的成本问题。数据的可互操作性可以促进不同平台提供互补性服务，允许用户自由、独立地选择平台服务，有助于实现用户的多栖性，但数据的可互操作的实现成本要高于数据的可携带，而且可能同时会导致反竞争的信息交换。美国国会众议院《数字市场调查报告》建议，数据的互操作性和可携带性能够降低市场进入壁垒和消费者的转移成本，鼓励竞争。经济合作与发展组织（OECD）2020 年《消费者数据权利与竞争》的报告则更深入地梳理了数据可携带的效果和成本的实证性研究成果，反映出制度理想和社会现实还是有一定差距的。① 因此，尽管数据的可携带和可互操作最早是反垄断专业人士提出的解决平台锁定和用户单栖性的方案，也确实可以在很大程度上促进平台之间的竞争，技术上实现数据可携带和可互操作的操作难度并不大，但同时不能回避推行数据可携带和可互操作的社会成本问题。

---

① OECD, *Consumer Data Rights and Competition: Background note by the Secretariat*, 2020, p. 43 – 46.

对于监管者来说,在数字经济领域推行全面的数据可携带和可互操作并不必然会带来社会经济效率的提升,还需要结合其他价值目标如保障个人信息权利综合权衡。

三、数据市场的界定

反垄断法理论并不是僵化的,也在随着人类社会经济的发展和科技的进步而进化。在相关商品市场之外提出相关技术市场、创新市场的新概念即是典型的例证之一。早在 2014 年,欧盟委员会竞争委员 Margrethe Vestager 和时任美国 FTC 主席 Edith Ramirez 就不约而同地指出在互联网时代“数据就是通货”。① 数据也被称为数字经济时代的“石油”。这些提法所反映出来的就是数据在数字经济时代具有不可替代的经济价值,是影响市场竞争的关键资源。因此,反垄断法首先需要考虑的就是是否有必要专门界定所谓的数据市场,而在尝试界定数据市场的过程中又不得不在传统的反垄断法框架下进行,也就是仍然要从需求替代和供给替代的角度去分析。我们可以从对数据市场界定的尝试中看到反垄断法理论对新经济现象的回应。

---

① James Kanter, *Antitrust Nominee in Europe Promises Scrutiny of Big Tech Companies*, N. Y. TIMES BITS (Oct. 3, 2014) & Edward Wyatt, *Raising the F. T. C. 's Voice, Softly*, N. Y. TIMES (Dec. 22, 2014), http://www.nytimes.com/2014/12/22/business/federal-trade-commission-raises-its-voice-under-its-soft-spoken-chairwoman.html.

关于数据市场界定的讨论最早是由美国 FTC 前委员 Pamela Jones Harbour 提出的。2007 年，在 Google/DoubleClick 并购案中，她提了反对意见，认为“界定一个假定由数据构成的商品市场对于并购行为所指向的广告主和广告商是有用的”，明确指出在本案的竞争分析中并购之后两个公司的数据库整合问题是比消费者保护更重要的考量因素。[①] 然而，时至今日在欧美的反垄断执法实践中，仍然很少有直接界定数据相关市场的案例。法国竞争总局曾在一个案件中尝试界定了有关视听内容的数据市场，涉及的是各种视听内容销售商（包括电视频道、SVOD、社交网络等）所采集的数据，但对于该相关市场是否存在也未置可否，因为该相关市场界定并没有改变最终的竞争分析结果。2018 年，捷克竞争执法机构在 CHAPS 案中，界定了三个相关市场：(1) 在中央系统中实时更新的交通接驳时间表数据市场，这些数据由被管制的企业共享，是那些被管制的交通服务提供商依法按照指定的 CHAPS 格式共享的数据，是后两个市场不可缺少的输入；(2) 捷克国内交通接驳的衍生信息市场（第一个市场的下游市场），这是假定的数据市场，执法机构假定竞争者们根据第一个市场的数据开发它们自己的竞争性产品，可用于第三个市场的竞争；(3) 捷克境内交通接驳信息的自动搜索市场（第二个市场的下游市场）。前两个市场都是独立的数

---

① Graef, I., *Market Definition and Market Power in Data: The Case of Online Platforms*, World Competition 38(4), 2015, p. 473 - 505.

据市场,但这些数据只是构成下游竞争性市场的不可或缺的要素,并不是企业自身拥有并据以获得竞争优势的数据。①就目前全球已有的反垄断执法案例来看,数据在相关市场界定环节并没有扮演主要角色,相反,在分析竞争影响时,平台采集用户数据的广度和体量往往被认为是构成其竞争优势的重要部分,因为占有庞大的数据在某些情况下会带来市场进入壁垒。尽管有学者质疑界定数据相关市场的可行性,甚至认为根本无法界定数据市场,②但从执法实践来看,执法机构考虑更多的是相关数据市场界定的必要性问题。即便不界定数据相关市场,案件的竞争分析并不受影响或竞争分析结果不会发生改变的情况下,执法机构实在是没有必要在数据市场界定的问题上纠缠。但另一方面,从有限的案例看,相关数据市场的界定似乎没有那么难,学者们所担心的数据的非对手性、多栖性、非交易性等并不构成相关数据市场界定的技术障碍。

在界定相关数据市场时,传统的替代分析工具似乎仍然是可用的。在数据被当作商品直接卖给消费者(如金融市场上数据公司将金融市场数据卖给投资者或企业),则假定垄断者测试的分析工具依然是可用的。例如,如果两种数据都提供相同

① VVA et al., *Support Study Accompanying the Evaluation of the Commission Notice on the Definition of Relevant Market for the Purposes of Community Competition Law*, DG Comp of EC final report, 2021, p. 92 – 93.

② VVA et al., *Support Study Accompanying the Evaluation of the Commission Notice on the Definition of Relevant Market for the Purposes of Community Competition Law*, DG Comp of EC final report, 2021, p. 88 – 94.

或相似的信息(如前文的金融市场数据)就可以被消费者视为具有替代性的,而如果两种数据提供了不同的信息或者融合后会产生更大的价值(如地图数据和交通数据),则这两种数据会被认为是互补型数据。然而,如果数据在没有交易的情况下,也即平台企业通过免费提供服务,收集消费者数据,并将这些数据用于在线广告销售时,相关数据市场的界定问题就复杂了。由于数据是"免费"的,"假定垄断者测试"的分析工具失效了。目前,理论上提出了两种解决办法,一是变相采取 SSNIP 方法,即以降低质量(如数据和隐私保护政策)的方式取代提高价格,被称为 SSNDQ(small but significant non-transitory decrease in quality)方法,然而质量不像价格那样可以定量计算,执法机构只能依赖于一些间接证据如消费者调查、企业内部的文件、转移成本的证据等,总之,这种方法在实操方面面临一定的困难;二是将免费端市场与收费端市场捆绑起来,也即将双边市场(或多边市场)看作一个大的相关市场,但这种方式在某些情况下会掩盖那些本可以被单独界定为一个相关市场的单侧市场的真实竞争状况。因此,加拿大竞争局提出,界定相关市场的最终目的是分析评估竞争效果,对于数字经济中含有大数据或平台的特殊案例,要么采取以上替代性的方法去分析市场界定,要么就直接跳过市场界定而关注竞争效果的分析。[①]

---

① Canada Competition Bureau, *Big Data and Innovation - Implications for Competition Policy in Canada*, 2018, p. 12 – 14.

当前,有一种趋势是认可数据的隐性价值,将消费者与平台服务提供者之间提供数据和提供服务视为一种经济交换。这个理论是 2017 年欧盟委员会调查的 Google Shopping 案中最早提出的,2019 年德国联邦卡特尔局在 Facebook 案中接纳了这个理论。这意味着即便控制数据的平台或企业没有在市场上销售或交换数据,它对于数据仍然是有需求的。因此,当考虑不同数据的需求替代性时,可以以数据(库)的使用目的或者数据(库)的"洞察"(insights)作为分析基础。例如,Google 采集的是关于在线搜索活动的数据,Facebook 采集的关于社交网络活动的数据,二者虽然是不同的数据,但是对于在线广告主而言,利用数据库对在线消费者画像的"洞察"做精准广告投放,这两个数据库之间是具有紧密替代关系的。也就是说,Google 的在线搜索活动数据和 Facebook 的社交网络活动数据在面向广告主的需求时是可以划入同一个相关市场的。

四、数据与市场力量

在数字经济时代,数据被普遍认为是构成企业市场力量的关键要素之一,在某些场景之下,接入和控制关键数据本身就会带来市场力量。如前所述,数据可以分为个人主动提供的、被观察到的和被推演出的数据,所有的数据最初都源于用户或消费者,而企业或数字平台是初始数据的采集者。谁拥有更多的用户,谁就拥有更广阔的数据采集渠道,相比于那些小企业或市场的新进入者,显然拥有更多流量的平台会更具有数据优势。当然,除了采集第一手数据外,经营者也可以通过其他渠道购买或获得第三方的数据。在数据的存储和转移方面,虽然普遍认为数字经济的多栖性有助于抵销数据集中带来的市场优势,但是数据的转移是有成本的,因此,数据的转移成本也会成为评估市场壁垒的重要指标。用户有时会发现他们很难将一个平台上的个人数据转移到另一个竞争性平台上去。那些具有支配地位的企业甚至会有意抬高转移成本,从而进一步强化其市场支配力。在数据的使用方面,网络效应会进一步强化数据带来的市场优势。例如,在线搜索引擎会采集和分析用户点击、链接广告的数据,这会直接提升自动展示关联性搜索结果和广告计算算法的能力,一方面数据的累积基于网络效应而提升产品品质,另一方面也会提高市场进入的壁垒。《数字市场调查报告》指出,Facebook 的数据支配力通过两种形式的"反馈循环"强化其竞争优势。第一,基于庞大的用户,Facebook 相比于其竞争对手可以接入和采集更多的用户数据;第二,Facebook 利用这些数据形成更有针对性的用户经验,从而吸引更多的用户并令用户在其平台上停留更长的时间。相反,小平台没有 Facebook 这样的数据能力。这样的数据优势长期持续,固化了 Facebook 的市场地位并令新的社交网络平台很难提供有竞争力的用户体验。Facebook 的数据也可以令其成为守门人,排斥其他企业接入其用户的数据。

2007 年以来的数字经济领域少数几个经过反垄断机构审

查的并购案件中，绝大部分都涉及并购后的经营者是否会具有反竞争的“数据优势”问题。在 Google/DoubleClick 案中，欧盟委员会已经认识到，在线广告的广告主可以通过整合用户的地理位置、时间、兴趣、过往购物记录、搜索偏好等信息精准地锚定受众。委员会承认合并后的实体将整合 Google 和 DoubleClick 两个公司的数据采集能力，提升其服务品质，“如此的整合，利用用户的 IP 地址、cookie ID 和链接次数等准确地匹配两个数据库的记录，将个人用户的搜索历史和网上冲浪轨迹结合起来，比如，合并后的实体可能知道同一个用户既搜索了 A、B、C，又访问了网页 W、Y、Z，这将提升广告触达目标用户的精确度”。[①] 但是，委员会同时认为，用户仍然可以选择拒绝定向广告，这会抵销并购后主体的竞争优势，而且其竞争对手也可以通过从第三方购买数据或精准投放服务来弥补数据接入上的劣势，也就是说委员会认为其竞争对手可以通过其他渠道获得相似的数据和能力。美国 FTC 实际上也持相似的观点，在本案的最终审查声明中，提及有关竞争对手提出的数据整合问题担忧，FTC 认为无论是 Google 还是 DoubleClick 的数据都不构成在线广告市场的必需要素，Google 的竞争对手也拥有 Google 所无法获得的有价值的数据。由此可见，反垄断机构对于数据可能带来市场力量的担忧是存在的，但由于数据的多栖性和非对手性，认为数据的集中未必会带来实质性的竞争损害。如此逻辑，在 2014 年的

① EU Commission, *COMP/M. 4731-Goggle/DoubleClick*, p. 96.

Facebook/WhatsApp 案中被再次重申。2016 年,欧盟委员会同样无条件批准了 Microsoft/Yahoo 案。核心理由是两个公司的搜索引擎都落后于 Google,因此,更大规模的数据采集会帮助并购后的实体提升其提供更优质服务的能力,有助于给 Google 带来更大的竞争压力。2018 年 Apple/Shazam 案中,尽管欧盟委员会担心 Apple 会通过并购获得 Shazam 所拥有的包括 Apple Music 竞争对手的用户等商业敏感信息,并借此抢夺竞争对手的用户,损害数字音乐流媒体市场的竞争。然而评估的结果是这项并购带给 Apple 的数据增量并不足以对其竞争对手(Apple Music 是仅次于 Spotify 的欧洲第二大数字音乐流媒体服务提供商)造成排挤,不会损害相关市场的竞争。

可见,在数字企业的并购案中,数据集中可能带来的竞争损害的确是反垄断机构考量的主要问题之一,但至少在 2019 年之前,全球的反垄断机构没有对该领域的合并提出过异议,在数据方面的主要考虑有两点:一是数据不具有稀缺性,也即是说数据易于被复制或多渠道采集;二是数据集中确实可以提升企业的产品和服务能力,但是企业占有和采集的数据规模未必足以严重损害竞争,甚至可能促进市场的竞争。然而,2020 年 12 月,欧盟委员会附条件批准 Google/Fitbit 合并案,可能会是一个转折点,在这个案件中监管机构采取了更为严厉的态度。欧盟委员会虽然承认两个公司不处于同一个相关市场,但二者数据的融合会引发横向协同效果的担忧。在审查中,欧盟委员会提出了三个方面的担心,其中两个与数据有关:一是收购完成后

Google 将获得 Fitbit 用户的健康和健身数据，这将提升 Google 在在线个性化广告上的能力，从而进一步强化 Google 在在线广告市场上的支配力；二是 Google 可能限制 Fitbit 原本的 API 数据接口，进而损害处于初创期的欧洲数字健康市场的竞争和发展。为此 Google 做出了相应的承诺，即不会将 Fitbit 的用户健康数据用于 Google 广告业务，并且会维持 Fitbit 用户数据库的技术隔离，确保不会与 Google 那些用于广告业务的数据混同，同时会给予欧洲的用户同意或拒绝 Google 将其健康和健身数据用于 Google 其他业务的选择权；Google 也会继续允许其他应用软件通过 Fitbit 的 API 接入用户数据。

数据或数据的累积究竟会不会给企业带来市场优势甚至构成市场支配力的核心要素？这个问题要结合数据的特性进行讨论。首先，数据是“非对手的”或“多栖性的”，因此，个别经营者很难排斥其他经营者接入相同的数据，也就是说，相同的数据在市场上可以为不同的经营者采集获得，如此，就无法断然认定占有或积累大量数据就必然给经营者带来不可替代的市场优势，因为其他的经营者也占有或正在积累（现实替代性）或有渠道占有或积累相同的数据（潜在替代性）。欧盟委员会在 Telefonica UK/Vodafone UK/Everything Everywhere 案中，就指出“消费者普遍会将个人数据给到很多市场上的经营者，这类数据通常都被视为一种商品”，由于这类商品的多源性，其价格很难定得很高（稀缺性不足）。当然，数据的这种特性也不意味着市场上所有的竞争者都可以获得相同的数据。经营者采集用户的数据通常都源于用户使用它的产品或服务,而数字经济的网络效应会令既存的大型多边平台企业在聚集用户进而聚集用户数据方面具有明显优势。市场的新进入者在数据积累上首先面临的是用户拓展和积累的问题,然而由于网络效应和规模效应,导致数据积累的正向反馈循环效应拉大了企业在数据采集方面的差距。这会导致相比于市场上既存的大型企业,新进入者采集和积累数据的"劣势鸿沟"仍然是存在的。另外,虽然数据中间商和数据交易市场的发展都有助于提升数据的可获得性,但是中间商供应的数据质量以及必要的支撑服务往往很难与大型平台相比,尤其是一些高价值的数据往往很难真正进入数据市场自由流动。

其次,在数字经济时代,几乎所有的行业都在进行数字化转型,企业可采集数据的规模、数量和范围大大扩展,"数据无所不在"。数据的价值源于数据透传的信息和认知,而不是数据本身。因此,不同的数据基于不同的机制可以提取相同的事实认知。例如,通过搜索引擎获取的特定用户的搜索内容可以了解他的音乐偏好,而社交网络也可以通过他在平台上分享的信息而形成的个人画像推断出他的音乐偏好,二者殊途同归。同样,Facebook 的社交网络、Google 的搜索引擎和 Amazon 的电商购物的数据分析都可以用于精准广告业务,可见不同的数据之间也是有可替代性的。在 2019 年之前,正是基于这样的逻辑,类似 Google/DoubleClick 的合并案在数据融合方面并没有引起监管机构的真正担忧。然而,不同数据之间的可替代性依然是个复杂的问题。例如，社交网络收集的用户数据的丰富度要远高于搜索引擎，而搜索引擎采集的数据在确认消费者搜索具体产品或服务方面又更有优势。通过台式机或笔记本电脑采集的用户购物数据也很难完全替代通过移动端采集的用户购物数据，因为后者还有用户购物的实时位置数据。在 TomTom/Tele Atlas 案中，欧盟委员会就认为 Tele Atlas 作为一个地图数据库的供应商积累的数据并不具有导航的用处，和 TomTom 作为便携式导航设备供应商拥有的导航数据之间不具有替代性，后者包含更多的细节信息如道路类型、交通信息、转弯限制信息等。如此来说，对于不同数据之间基于需求替代出发分析可替代性问题还需要进行个案分析。

最后，普遍认为，大型平台企业的数据采集规模和范围具有明显优势，并且基于网络效应引起的数据积累的正反馈循环，这种数据优势会转化为不可逆的竞争优势，从而令市场进入壁垒不断筑高，形成垄断。从竞争约束上来看，所有的大型数字经济企业都有不断扩大其数据采集规模和范围的冲动。第一，数据的重要功能是推测和预判，这些都是基于概率准确性的，通过数据观察到的行为和结果越多，推测准确的概率就越高，结果就更可靠。为了提升推测的质量，数据的数量积累是必须的。第二，大量的数据尤其是用于推测的数据是有时效的，其价值随着时间的推移会迅速下降。比如，用于分析广告市场趋势的历史数据，相对于反映广告投放的实时投标数据的价值更小。在搜索方面也是如此，据 Google 的报告，每天新的搜索占据了 15%，意味着搜索算法需要持续的、新的数据喂养。因此，为了数据能够非常快速地更新，企业也不得不在很短的时间内采集到一定体量的数据，提升数据约束。持续的、成规模的数据采集能力会给企业带来持续的竞争力。第三，并不是所有的数据都用于推测和预判，在更加古典的市场上，数据库通常都是汇编联系信息和使用信息，如个人的性别、姓名、地址、生日、工作等信息，这些数据并不会因时间的推移而失去价值。第四，相比于数据的数量累计，数据的多样性和丰富度甚至能带来更大的竞争优势，通过不同的产品采集汇集用户行为和品味的多面信息也是必要的。当今的数字经济时代已经发展到数字生态化阶段，单个大型数字企业提供的产品和服务几乎可以覆盖用户的全面需求，从而也可以更为立体地采集用户数据，甚至形成用户的个人画像，基于这样的数据库可以更全面、更有深度地提升产品和服务的质量，开发出更具有经济价值的新产品新服务。

值得注意的是，有学者指出那些用于做推测分析的数据的边际价值在超过一定数量后会迅速下降，企业拥有的数据体量和企业的竞争优势之间并不是持续正向关联的。[①] 如前所述，准确地推测和预判需要以庞大的数据积累为前提，但是随着数据库规模的扩大，统计上的取样误差也会伴随出现，取样规模越大误差就越大，预测的准确率反而下降。另外，数字经济领域存

---

① Autorité de la Concurrence & Bundeskartellamt, *Competition Law and Data*, 2016, p. 47 – 48.

在“长尾效应”,数据库扩张到一定的规模,就足以覆盖绝大多数场景,增加的数据大概率在不断重复相同的场景,这会导致单个信息的边际价值迅速下降。在 Microsoft/Yahoo 案中,虽然 Google 的搜索数据库相比 Yahoo 有明显规模上的优势,但是欧盟委员会指出,“Microsoft 提交的一份用于比较 Google 和 Yahoo 的搜索结果相关性算法研究报告表明,Microsoft 和 Yahoo 在最常见的搜索查询上,整体的结果相关性差别非常小”。

总之,数据的使用并非新的现象,在传统行业和领域中早已有数据的分析和使用问题,如今,技术的进步和数字经济无论是从属性上(如智能手机反馈的实时定位数据)、来源上(如追踪不同设备上用户的网页浏览数据)、应用上(如机器决策和机器学习)还是体量上都大大扩展了数据的范畴。反垄断机构已经充分认识到数据在数字和非数字经济中的关键作用。我们要承认,数据产业仍处于婴儿期,可能今天我们认为具有替代性的不同数据在未来就没有替代性了,反之亦然,例如在线数据和离线数据,社交数据和搜索数据。因此,数字经济在发展,关于数字经济的反垄断法也在与时俱进。过去的十余年间,涉及数据的竞争分析实践主要都在经营者集中审查的执法活动中展开,近年来关于数据的其他反垄断执法活动也越来越多,有关数据的反垄断分析框架仍在建立发展过程中。

第二节 算　　法

一、算法的概念和类型

算法(algorithms)是将输入(input)转化为输出(output)的计算机程序,可以表现为多种形式,如大众化的语言、图标、口令或程序,可以被机器阅读和执行。原则上,任何一种软件都可以构成一种或多种算法,任何类型的计算机所做的每一个计算步骤都和算法有关。根据算法执行的任务不同,可以分为监督与数据采集算法、定价算法、基于消费者数据的个性化算法、排名算法等;根据输入参数的不同,如不同的数据体量、不同的数据内容也可以分为不同的算法。另外,算法还可以分为自主学习算法(也称为学习或机器学习算法)、混合算法等。[①] 机器学习算法属于人工智能的子领域,即智能化的机器基于算法迭代学习数据积累"经验"。机器学习算法又可以分为有监督学习算法、无监督学习算法和增强学习算法等。[②] 最后,区分算法是否可解释,算法可以分为"白箱算法"和"黑箱算法",前者是指根

① Autorité de la Concurrence & Bundeskartellamt, *Algorithms and Competition*, 2019.

② OECD, *Algorithms and Collusion: Competition Policy in the Digital Age*, 2017, p. 8 – 10.

据算法的代码可以识别出算法的策略和行为,后者则大多是具有自主学习能力的算法,因此即便了解算法的代码也很难解释其行为。

算法作为一种程序,在不同的场景下发挥不同的功能,基于不同的功能被冠以不同的类型名称,如排名算法是指预测和计算消费者对物品或服务的偏好,通过搜索结果或内容推荐的排名呈现出来;匹配算法或推荐算法,通过买家的情况或他们的多样性选择将买家和卖家的产品或服务匹配起来,例如算法可以将乘客和附近的出租车匹配起来,或将交友网站的用户匹配起来;预测算法,试图推理出消费者的偏好和其愿意支付的价格,并基于这样的推理结果向消费者定向推送交易条件或价格。这种算法用于区分不同的消费者群体,向他们提供折扣或红包;交叉营销算法,基于买家的浏览或购买历史向消费者推销卖家的其他产品或服务;个性化定价则是通过过滤和挑选算法,利用和分析消费者的个人数据对消费者精准定价。①

总的来说,从算法可实现的功能来看,比较基础的主要是搜索算法、推荐算法和过滤算法三大类。算法具有场景化的特点,同样的算法在不同的场景下其目标是不同的。

搜索是链接用户需求和目标信息内容的桥梁。搜索算法一般包括"理解—召回—排序—展示"4 个环节。理解是指理解用户输入词(query)的真实意图,包括搜索词的分词、类目预测、属

① OECD,*Algorithms and Collusion-Note from the UK*,2017.

性预测等;召回是指在对用户查询意图进行理解的基础上,从海量网页内容或商品库中找到和用户意图匹配的搜索结果集合;排序是指对召回的候选结果集合做排序,把最适合用户和最有可能满足用户需求的内容或商品排到前面;展示是指将最终的排序结果呈现在前台的页面。不同场景下,搜索算法的不同环节所呈现的具体权重会有不同。例如,召回引擎的主要算法维度包括文本、类目、属性和语义等相关性,在电商场景中,用户的购物需求、商品类型、品牌等维度信息占重要权重;在本地生活场景中,由于客户有地域和配送时间要求,位置、距离维度占更重要的权重。再如,电商场景中的排序引擎重点考虑点击率、转化率,而云计算搜索主要是静态文档和产品的相关性匹配,就不需要考虑点击率、转化率,因此没有个性化排序策略。

推荐算法是通过计算直接向用户展示其可能想要的商品或信息内容。在电商场景中,主要是给用户推荐其可能想看或想买的商品,以提升用户的活跃度或购买品类宽度。推荐算法包括"用户兴趣建模—匹配/召回—预估/排序"三个环节。用户兴趣建模主要采用基于显示标签语义和基于向量表征学习技术相结合的方法,后者引入深度学习模型。匹配/召回主要是根据用户兴趣标签或者基于用户行为序列的向量化标识,通过标签倒排索引或向量索引的方式从商品库中匹配用户可能感兴趣的商品集合。预估/排序在召回商品集合上,通过用户对商品的点击率、成交转化率等模型预测,结合商品多样性策略,将召回的结果排序展示给消费者。推荐算法应用中的考量因素也同样呈现场景化特征。例如,外卖平台做推荐排序时,会重点考虑骑手评价、地理位置、交通、天气环境等因素影响;视频网站的推荐排序,主要考虑兴趣探索、消费偏好和历史观影习惯等。

过滤算法是内容安全风险识别方面的关键应用,主要部署在内容识别链路上,以文本、图像、语音、视频、多模态识别技术为基础,样本库、知识库、风险数据仓库和算法模型等相结合的底层安全能力方案。识别过程中,判定命中过滤规则的会自动屏蔽、隐藏(如关小黑屋,仅发布者可见)。

二、算法与市场支配力

算法可以为商业活动提供助力,尤其是通过提高商业效率为企业带来竞争优势。因此,拥有和使用算法也会构成市场壁垒的一项因素。在欧盟的 Google Shopping 案中,欧盟委员会指出"构建健全的通用搜索引擎需要长期的巨额投入",尤其是"算法开发的初始成本"非常大,包括研发成本、设备和人力资源成本等。当然,算法对于市场力量而言并不是绝对单向影响的。如今的企业不再像早期那么依赖于自身的算法开发,很多企业可以通过第三方获取定制所需的算法,如在线零售商可以从第三方采购到相同的定价算法等。而且,机器学习技术的发展,也进一步降低了算法或人工智能的使用门槛。最后,云计算产业的发展大大降低了算法开发和使用的成本。因此,相比于算法而言,数据似乎是产生市场力量更直接和显性的要素。缺乏数据支持的算法很难给经营者带来竞争优势。还是以 Google Shopping 案为例,欧盟委员会指出通用搜索引擎“需要基于一定数量的查询”,通过了解用户不断变化的搜索行为,“来提升结果的相关度”。

三、与算法相关的垄断行为

关于与算法相关的垄断行为,讨论比较多的包括算法共谋和利用算法实施单方行为等。前者目前案例极为罕见,目前的讨论更多集中在假设和理论探讨层面。后者则主要集中在数字企业利用算法实施定价歧视、推荐歧视等直接面向消费者的行为方面。

经营者拒绝向竞争对手提供与算法有关的信息可能构成排他性滥用行为,前提是该信息对于竞争而言是不可或缺的。2004 年欧盟调查的 Microsoft 案,Microsoft 在操作系统市场上具有支配地位,其拒绝向竞争对手提供便于它们设计无缝接入 Microsoft 操作系统的运行软件的相关信息,欧盟委员会认为这种互操作性方面的限制导致开放性产业标准受限,损害了竞争。

利用算法实施价格歧视也是算法垄断的典型行为。算法通过分析大量的消费者行为数据,可以针对不同的消费者设定精准的差异化价格,包括向不同的消费者推广设定不同的价格或给予不同的折扣,又称为个性化定价(personalised pricing)。例如,英国的百安居公司在其卖场中推行电子价签,这些电子价签通过消费者的电话等信息识别其身份,并基于消费者的消费喜好和会员卡数据来展示不同的价格。[①] 此外,有很多的分析报告都推测出行服务如 Uber 会基于支付方式等因素实施个性化定价。2017 年,有报道称 Uber 按照路线计价,其实是以预测消费者愿意支付的价格来制定路线的。Uber 还试图将消费者区分为"时间敏感性"和"价格敏感性"乘车者。2016 年,Uber 的研究机构就提出它们发现当人们的手机接近没电状态时,他们愿意付出更高的额外加价来打车。数字市场最主要的特征之一就是企业可以获得海量的消费者的个人数据,它们可以凭借这些数据分析和预测消费者愿意接受的价格。经营者的市场力量越强,这种对消费者的干预和影响能力往往也就越强。个性化定价本质上属于价格歧视的范畴,在可能带来消费者利益损害的同时也可能带来提升社会效益和消费者福利,降低消费者搜索成本,提高消费者与产品匹配效率等积极效果。

排名算法可能被经营者用于做自营优待。在 Google Shopping 案中,欧盟委员会指出,在 Google 的通用搜索结果页面中,Google 自己的比较购物服务相较于竞争对手的比较购物服务获得了更有利的位置和展示机会,这种行为构成了滥用行为。在欧盟委员会的决定书中,解释了 Google 是如何利用专门算法在搜索结果中降低竞争对手的搜索排名的并最终影响搜索页面

---

① CMA, *Algorithms: How They can Reduce Competition and Harm Consumers*, 2021, p. 12.

的呈现，而且还解释了 Google 的服务并不受该专门算法的影响。

总之，算法要结合数据才能发挥其作用，对于垄断性数字企业而言，算法更多的成为其实施垄断行为的工具和手段，然而算力本身可能拉开不同企业之间竞争能力的差距，从而构成一定意义上的市场壁垒，而算力又和数据积累、技术投入和基础设施投入等密切相关。

第三节　平　　台

一、平台的概念、属性和分类

所谓平台（Platform），是真实的或虚拟的交易场所。随着商业模式的不断发展创新，平台呈现不同的特点：在运营方式上，有的本身不生产产品，有的对上游资源进行一定程度的整合；在收费方式上，有的收取一定的通道费用，有的赚取一定的差价。促进双方或多方之间的交易，是平台的主要功能。在互联网蓬勃发展之前，平台类型的经济组织如百货商场、银行卡组织、电视、报纸媒体等早已有之。如今，当人们谈到平台经济时，第一时间会想到 Google、Amazon、百度、淘宝、美团、抖音、滴滴等互联网商业平台，“互联网 +”的平台经济已经遍布在线搜索、电子商务、在线旅游和出行、租车服务甚至金融服务等各个行业领域。

经济学家发现了平台的多边性(multi-sided),甚至围绕多边平台发展出所谓的"平台经济学"。2014年诺贝尔经济学奖得主、法国经济学家 Jean Tirole 和芝加哥大学法学院教授 David Evans 在这个领域做出了卓越的贡献。OECD 在 2018 年的一份研究报告中将平台的多边性描述为"一个作为平台的企业向不同类的消费者销售不同的产品,而某类消费者的需求取决于另一类消费者的需求。如果存在这种'跨平台网络外部性',决定销售数量的将是平台所设定的整体价格体系,而不仅仅是在单边市场所设定的价格水平"。[①] 归纳下来,平台或平台经济应当具备三个要素,即存在两组或多组主体、不同主体间存在网络效应以及有中间媒介的参与。[②]

关于平台的分类,2017 年法国最高行政法院的一份研究报告将平台分为 5 种类型,即提供公共产品的平台(维基百科);成本分担型平台(BlaBlaCar);分享经济型平台(Waze);中介型平台(eBay/Amazon)和行为型平台(Uber/Deliveroo)等。2020 年 12 月,欧盟发布的《数字市场法草案》中,列举了 8 类主要的服务性平台,如在线中间商服务平台、搜索引擎、社交网络、视频

---

① OECD, *Rethinking Antitrust Tools for Multi-sided Platforms*, 2018, p. 10.

② Rochet Tirole, *Platform competition in two-sided markets*, Journal of the European economic association, 2003. 以及[美]大卫·埃文斯等:《看不见的引擎:软件平台驱动下的产业创新和转型》,陈宏民等译,清华大学出版社 2010 年版,第 57 ~ 60 页。

分享平台、个人社交通讯平台、操作系统、云计算、在线广告等。同年美国国会众议院发布的《数字市场调查报告》中将 GAFA 涉及的数字市场领域列举为在线搜索、在线商务、社交网络、社交媒体、移动 App store、移动操作系统、数字地图、云计算、音频助理、网页浏览器、数字广告等。中国互联网信息中心(CNNIC)定期发布的《中国互联网发展状况统计报告》则将互联网应用分为基础应用类(包括即时通信、搜索引擎、网络新闻、在线办公)、商务交易类(网络支付、网络购物、网上外卖、在线旅行预订)、网络娱乐类(网络视频、网络直播、网络游戏)、公共服务类(网约车、在线教育、在线医疗)等。

二、平台的网络效应

如果从反垄断法的视角出发,对平台或平台经济开展竞争分析时,网络效应是最核心的立足点。根据所谓平台经济学理论,网络效应包括直接网络效应和间接网络效应。前者是指某类产品的用户直接受益于更多(正效应)或更少(负效应)的人使用同类产品,它是在同类用户中的不同个体之间产生作用的,典型的如通信网络、社交网络等。后者是指产品或服务对于某类用户的价值增加(正效应)或减少(负效应)取决于另一类用户的数量,间接网络效应实际上就是平台上普遍存在的“跨平台网络效应”。有的平台能够带来双向正间接网络效应(bilateral positive indirect network effects,以下简称双向网络效应),有的平台具有单向的间接网络效应(unilateral indirect network effects,以下简称单向网络效应)。具有双向网络效应的平台被称作匹配平台(matching platforms),又可以细分为交易型(transaction platform)和非交易型(non-transaction matching platforms)两类,前者可以令用户实现特定交易,典型的如淘宝、美团、滴滴、银行卡等;后者则不以直接促成某项交易为目的,典型如在线交友平台。交易型平台能够区分哪些交易是通过平台发生的,哪些交易是在平台外发生的,如果平台能够识别在平台上发生的交易,平台就可以向因双向网络效应而获益的一侧用户收取费用。① 具有单向网络效应的平台被称作"受众型平台",这种平台一侧的市场可以受益于另一侧用户数量的增长,但(数量增长的)另一侧用户不会因此受益,这类平台只是提供吸引单边用户关注度的服务,通常也无法确认用户是否接收到服务(如广告),典型的如电视、报纸媒体等。② 然而,随着技术的发展,在线广告平台已经可以识别用户是否接收到广告,平台一旦能够识别出单笔"交易",也就可以作为交易型平台收取相应的费用了,只不过这种交易是单向的。具体可见表 1 - 1。

① OECD, *Rethinking Antitrust Tools for Multi-sided Platforms*, 2018, p. 10 - 11.

② Bundeskartellamt, *The Market Power of Platforms and Networks*, B6 - 113/15, 2016, p. 3.

表 1－1　平台与网络效应

<table>
<tr><th colspan="2">网络效应</th><th>平台类型</th><th>典型代表</th></tr>
<tr><td colspan="2">直接网络效应</td><td></td><td>通信网络、社交网络等</td></tr>
<tr><td rowspan="3">间接网络效应</td><td rowspan="2">双向网络效应</td><td>交易型(匹配)平台</td><td>淘宝、美团、滴滴、银行卡等</td></tr>
<tr><td>非交易型匹配平台</td><td>在线交友平台</td></tr>
<tr><td>单向网络效应</td><td>受众性平台/广告平台</td><td>电视、报纸等</td></tr>
</table>

如今的平台已经发展得更加多元化了，某个平台可能既是交易型平台又同步提供在线广告服务，从而可能同时具有直接网络效应、双向网络效应或单向网络效应。以网络音乐平台为例，一方面作为交易平台在为音乐版权公司和用户之间撮合交易（提供串流和下载服务），另一方面作为非交易型匹配平台提供在线电台、秀场服务，同时还提供音乐社区服务（社交网络）和在线广告服务（广告平台），从而多种不同的网络效应同时发挥作用。

三、平台的相关市场界定

关于平台的相关市场界定，目前各国反垄断机构的主流意见认为与界定单边市场的方法没有本质的区别，需求替代、供给替代以及 SNNIP 测试方法仍然有效。主要的问题是，多边平台的相关市场是应该界定为一个市场还是多个“相互关联的”

(interrelated)市场？一般认为，对于受众性平台可以将平台两侧分别界定为两个独立的相关市场，对于匹配平台则整体界定为一个相关市场更为合理。美国最高法院 2018 年审理的 Ohio v. American Express Co. 案中，5 位大法官同意接受将运通公司界定在一个单一的信用卡市场的意见，另外 4 位大法官则认为应当将与商户相关的信用卡服务和与购物者相关的信用卡服务分别界定为两个市场。欧盟在涉及 Visa 和 MasterCard 的系列案件中将相关市场分别界定为收单市场和发卡市场，2020 年英国最高法院在有关 Visa 和 MasterCard 交换费(MIF)的案件审理中也采纳了相同的意见。[①] 中国反垄断机构在阿里巴巴集团垄断案、美团垄断案以及食派士垄断案等案件中也都只界定了一个相关市场。除了以上意见外，Herbert Hovenkamp 在 2021 年的一篇论文中提出了集束市场(cluster markets)的理论，引起了不少关注。[②]

界定相关市场的主要目的是将竞争者提供产品的竞争范围框定，在一个有限的空间内分析行为的竞争效果，包括对实际或潜在竞争对手的影响以及对上下游经营者或消费者的影响。平台的特殊性在于，首先，平台具有多边性，而多边市场空间相互

---

① 王展等：《探寻互联网平台相关商品市场界定的阿基米德支点》，载微信公众号"通力法律评述"2021 年 8 月 18 日，https://mp. weixin. qq. com/s/SFCPw_P-hGiBl8mcDdjagw。

② Herbert Hovenkamp, *Digital Cluster Markets*, Col. Bus. L. Rev., 2021, p. 473 – 505.

影响，也就是存在所谓跨平台网络效应（主要指间接网络效应），在平台空间上出现的行为会同时对多边市场空间的竞争产生影响，而且这种效果会因为反馈循环（feedback loop）效应而放大。其次，平台经营者本身可能既是市场空间的提供者（不参与竞争产品的供给），同时也是市场空间中的竞争参与者（提供竞争产品）。跨平台网络效应越强，则将平台多边空间界定为一个相关市场的理由越充分，反之，则将平台多边空间分别界定为不同的相关市场更能反映行为的竞争效果。当平台自身在提供竞争产品时，该产品对于平台的依赖性越高（如只有类似平台能提供的竞争产品），则将平台多边空间界定为同一个相关市场的合理性就越高，反之，也可以将平台与其他提供类似产品的竞争者（非平台经营者）纳入同一个相关市场中。最后，在分析多边平台的相关市场时，发生在平台上的行为对于相关市场界定具有重要意义，不同的行为涉及不同的产品和消费者，进而会影响到相关产品市场的界定，仅分析供给侧或需求侧替代性是不足够的，还需要加入供给侧与需求侧联动性分析。

总而言之，多边平台的竞争分析，重在跨平台网络效应的分析，而无须拘泥于平台的类型或行业特征，从这一点看，“界定相关市场—分析经营者的市场力量—分析拥有市场力量的经营者行为的竞争效果”的传统竞争分析路径对于多边平台而言，并不是必然的。在平台经济背景下，从平台上的行为出发，根据行为的跨平台网络效应所影响的范围划定相关市场界限，并以此作为竞争分析的基础，更具有针对性和实操性。当然，相关市场的界定并非退居不重要的位置,而是说行为本身所具有的特性会为相关市场的界定指明方向,这也进一步证实在平台经济中相关市场界定还是以个案分析为主的。以网络音乐平台为例,上游的版权资源和下游的用户是音乐平台的核心竞争资源,版权资源的数量和质量会影响音乐平台对用户的吸引力,用户的数量和质量(如付费用户的多寡)反过来也会影响唱片公司及综艺机构的授权意愿,这是音乐平台面临的跨平台网络效应的第一个方面;音乐平台的用户数量和质量还会影响广告商、内容商(如直播艺人、K歌素人等)、周边产品供应商的加入,这些商户的引入有助于提高平台产品的多元性,有利于打造更加全面综合性的互联网生态系统,从而提高平台服务的产品体验,吸引更多的用户并提高用户的黏性,这是音乐平台所面临的跨平台网络效应的第二个方面;由于目前网络音乐零售价格偏低,收入远不足以弥补购买网络音乐版权的费用成本,因此绝大部分音乐平台都需要广告销售收入补贴,音乐平台经营者要么压低音乐版权的购买价格,但这样会导致丢失版权资源,要么提高网络音乐的零售价格,但这样会丢失用户资源,而吸引广告商又必须要保证版权资源吸引足够的平台用户,这是音乐平台面临的跨平台网络效应的第三个方面。在网络音乐平台的多边市场环境中,音乐版权、用户资源、广告商、平台内容、音乐周边产品等都可以单独构成一个独立的相关市场,然而这些市场同时也可以共融于互联网音乐平台这一综合性相关市场中,如何界定,还是取决于具体竞争行为的跨平台网络效应的强弱和影响范围。

四、平台的市场力量

(一)市场份额依然是重要的评估指标

评估平台的市场力量,市场份额仍然是重要的判断依据,但是计算市场份额的指标更加多元,选择恰当的指标并不容易。以电商平台为例,可以用于衡量市场份额的指标至少包括平台成交金额(GMV)、用户数(日活/月活/年活)、商家数、订单数、包裹数以及平台收入等。平台是一个涵盖收费侧市场和免费侧市场的多边市场,且两侧市场可能因间接网络效应而彼此影响,收费侧市场可以以平台的收入或交易金额为市场份额的主要计算指标,免费侧市场则主要以用户数量或用户使用情况参数为计算指标。综合来看,对于交易型匹配平台而言,平台交易金额等大概能反映出平台的市场力量;对于那些以广告为主要盈利来源的受众性平台,用户规模可能是更合适的计算指标。

针对不同类型或行业的平台,不同的用户类参数计算得出的市场份额反映市场力量的可靠性是不同的。执法机构需要考虑平台上的网络效应(包括直接效应和间接效应)以及单/多栖程度来选择合适的参数。例如,平台一侧的用户虽然都可能与另一侧的用户正相关(正向间接网络效应),但有的是基于另一侧的实际使用平台服务的用户数,有的则是基于另一侧的会员用户数,因为大量的注册用户可能从来都没有真正使用过平台服务,并不能真正反映平台在用户侧的真实吸引力。在涉及 Google 的案件中,执法机构普遍以 Google 在线搜索的用户数(非注册用户数)超过 90% 作为认定其具有市场支配地位的主要依据之一,因为 Google 主要基于广大用户的搜索使用来吸引广告主,且能够基于用户的搜索数据不断改进其广告投放服务质量,因此,以实际用户数为计算市场份额的指标是恰当的。

由于网络效应使单个平台可以快速获得很高的市场份额,市场很容易集中到少数几个平台上,这对于数字经济而言确实也是非常有效率的市场结构。因此,市场份额在认定平台的支配地位方面并不像传统市场那样一锤定音。欧盟委员会在 Microsoft/Skype 案中,认为即便合并后双方在视频通讯市场上拥有接近 90% 的市场份额,仍然不足以引起竞争担忧,理由是这个市场进入壁垒很低,用户偏好经常变化。在 Facebook/WhatsApp 案中,欧盟委员会除了使用通讯服务市场上用户使用时长的市场份额指标外,同时还考虑了日活用户数等其他指标,但最终也没有认定存在竞争担忧。德国联邦卡特尔局在报告中认为,不能简单地因市场份额超过 40% 或 50% 就判定某个平台具有市场支配地位,对于匹配平台,双向间接网络效应易于促成两侧市场的同步集中,单侧市场上的份额较高就足以推断其市场力量的大小,但对于受众性平台,考虑到其只具有单向间接网络效应,在用户侧的市场份额显然比广告侧的市场份额更能说明其市场力量的强弱。①

（二）评估市场力量的其他因素

除了市场份额之外，在分析和评估平台市场力量的过程中，还可以辅以其他几个因素加以考虑，如网络效应、单栖/多栖性、数据资源和算法能力以及数字市场的创新潜力等。②

1. 网络效应

如前所述，网络效应包括直接网络效应和间接网络效应。社交网络、即时通讯、社交媒体等领域的直接网络效应显著，其用户更易于聚集。而且用户切换不同平台的成本也更高，这种成本不仅限于不同平台、网络间的联通成本，也包括用户切换平台后的机会成本。因此，这些行业的市场结构有天然集中化的趋势，当反垄断机构在审查那些直接网络效应强的平台之间的并购行为时，如社交网络平台之间或社交网络与即时通讯平台的并购整合案，会尤其关注可能因直接网络效应而被放大的竞争担忧。对于那些间接网络效应较强的平台，则照例要区分匹配性平台和受众性平台来分析。匹配性平台具有双向正间接网络效应，这种效应会导向自我强化的反馈循环，相比于直接网络效应会更强烈地促使市场结构朝高度集中的方向发展。另外，

---

① Bundeskartellamt, *The Market Power of Platforms and Networks*, B6 - 113/15, 2016, p. 68 - 69.

② Bundeskartellamt, *The Market Power of Platforms and Networks - Executive Summary*, B6 - 113/15, 2016, p. 9.

平台的多边性使其面临两个以上的用户群体，这些用户群体的增长相互依赖，如果市场的新进入者不能快速在平台两侧聚集足够相互吸引的用户，其很难真正进入市场并形成竞争力。因此，间接网络效应会令匹配性平台市场的进入壁垒更高，这也意味着既存平台的市场力量对潜在竞争的威胁更大。而受众性平台具有单向间接网络效应，用户侧对广告侧市场的增长具有正向影响，但广告侧对于用户侧的增长可能是负向影响。因此，平台在用户侧的领先地位会带来平台在广告侧市场的竞争优势，如果将受众性平台的相关市场界定为多个市场，显然用户侧的市场力量更能反映平台真实的市场力量。

2. 单栖、多栖和平台的差异化

用户的单栖性，与传统经济领域的排他性协议有类似性，会加剧和促进平台在用户侧的竞争，同时也会提高用户的切换成本，将用户锁定。那些具有市场支配力的平台会借助用户的单栖性扩大其竞争优势，进一步筑高市场壁垒。相反，用户多栖性最直接的效果就是削弱平台对用户的锁定，降低用户对平台的依赖程度，从而降低市场的进入门槛。多栖性与平台的互联互通同样被认为有助于抵销平台不断自我强化的反馈循环效应，促进平台间的竞争。在实践中，平台用户单栖和多栖的情形是复杂的，需要做个案分析。例如，在某个市场中，可能单个用户在多个平台注册是比较普遍的现象，然而绝大多数用户可能都会倾向于固定使用某个平台的服务，形成实际的单栖生态；又或者在某些服务或某个阶段用户是单栖的，但短期之后又转变为多栖了。

用户的单栖/多栖性,受到平台服务差异化程度的影响。面对消费者群体的不同喜好,平台各有定位,采取不同的市场策略,形成差异化竞争,吸引不同的目标群体。平台的差异化程度越高,用户的多栖性也越强,越能够降低市场集中趋势。当然,这种平台的差异化并不意味着足以令平台被界定在不同的相关市场。

3. 数据资源和算法能力

在数字经济时代,几乎所有的经济行为都可以数字化,每天都会产生和聚集大量的数据,这些数据可能是用户的、商家的甚至第三方的。数据都沉淀在平台上,平台往往能够基于初始数据进行二次加工形成新的衍生数据,并通过算法将这些数据用于市场竞争。因此,评估平台的市场力量,不可能绕开平台的数据资源和算法能力,对于平台或数字企业而言,数据资源和算法能力必然成为衡量其市场力量的重要因素之一。

4. 数字市场的创新潜力

数字经济是高度动态变化的,既有的产业模式可能瞬间被颠覆。因此,那些被视为具有或可能具有市场支配力甚至垄断地位的数字企业普遍都将数字市场的创新性作为抗辩的重要理由。在反垄断执法实践中,执法机构可能要更务实地审视这些所谓的动态性竞争或破坏性创新在未来可见的多长时期内可能发生。经营者泛泛地强调未来某个不确定的时间点可能会发生是不够的。执法机构通常会评估市场上实际的创新竞争和潜在的创新竞争。前者是指市场上既有的竞争者基于竞争压力而驱动的创新,这也包括来自其他市场上的创新竞争。后者又分为两种情形,即潜在竞争的发生和潜在竞争的排除。在评估市场进入可能性方面,执法机构更关注于实际的市场壁垒。数字经济的某些市场壁垒是传统市场所没有的,例如,新进入的企业需要投入巨大的广告资源去提升其在消费者心中的认知和品牌心智,或者对于一些技术成熟的产品需要在数据、算法或销售渠道上投入巨大的成本等。

第二章　数字经济中的相关市场界定及市场力量的评估

第一节　电 商 平 台

一、电商平台的概念和分类

电子商务是使用互联网购买或销售产品或服务的活动。根据2020年3月中国国家市场监管总局、国家标准化管理委员会发布的《电子商务业务术语》(GB/T 38652－2020),电子商务平台是指“为交易的双方或多方提供信息发布、信息递送、数据处理等一项或多项服务,实现交易撮合目的的信息网络系统”。因平台两侧的主体性质不同电商又被分为B2C、B2B、C2B、C2C 4种类型,B2C电商是指“企业卖家对个人买家的电子商务模式”,C2C

电子商务是指“个人卖家对个人买家的电子商务模式”，这两者可归纳为网络零售电商平台。此外的 B2B 和 C2B 电子商务模式则属于面向企业销售的电商平台，在中国代表性的就是阿里巴巴集团的 1688 平台等。我们通常讨论的电商平台主要是指网络零售电商平台。2021 年 4 月中国国家市场监管总局向阿里巴巴集团作出的《行政处罚决定书》[国市监（2021）28 号]中，指出网络零售平台服务是指网络零售平台经营者为平台内经营者和消费者进行商品交易提供的网络经营场所、交易撮合、信息发布等服务，具体包括商品信息展示、营销推广、搜索、订单处理、物流服务、支付结算、商品评价、售后支持等。①

中国商务部历年发布的《电子商务报告》中，网上零售业的统计口径主要分为 B2C、C2C 两种类型。由此，根据商业模式的不同，网上零售电商平台可以分为 B2C 网上零售平台（以下简称 B2C 平台）和 C2C 网上零售平台（以下简称 C2C 平台）等，前者是指为企业卖家和个人买家提供零售交易撮合服务的电商平台，主要包括天猫、京东、唯品会等，后者是指为个人卖家和个人买家提供零售交易撮合服务的电商平台，主要包括淘宝、拼多多等。如今，B2C 平台和 C2C 平台之间的界限越来越模糊，尤其是淘宝、拼多多上出现了越来越多的企业卖家，使它们兼具两种模式的特点，而新的 C2C 模式平台仍然有其生命力，如阿里巴巴的闲鱼、微信的微店平台等，但也都有朝着 B2C 平

① 本书中如未做特别说明，电商平台均指网络零售电商平台。

台方向发展的趋势。

此外，根据电商平台展示和销售的货品类型不同，电商平台还可以分为综合电商平台和垂直电商平台，前者如淘宝、天猫、京东、Amazon，后者如当当网、唯品会等。根据电商平台提供服务的性质，又可以分为在线市场平台和自营平台，前者主要是提供第三方卖家和消费者之间商品交易服务的平台，代表性平台还是天猫、淘宝、拼多多等，后者则类似于线上超市，代表性的如京东、唯品会等。正如 B2C、C2C 平台融合发展一样，垂直电商平台也在朝着综合电商平台发展，如 Amazon 在初期是以书籍为主要产品的垂直类在线市场电商平台，京东早期是以 3C 数码产品为主的垂直类自营模式电商平台，如今两家平台都已经发展成为兼具在线市场和自营模式业务的综合性电商平台。

二、网络零售电商平台与线下零售商业服务的替代性

案例 2 – 1

在《行政处罚决定书》[国市监(2021)28 号]中，中国国家市场监管总局首先提出网络零售电商平台服务与线下零售商业服务不属于同一个相关市场。“线下零售商业服务为经营者和消费者进行商品交易提供实体经营场所、商品陈列及相关配套等服务，与网络零售平台服务在功能上具有一定相似性，但二者不具有紧密替代关系。”

(1)从经营者需求替代分析,二者不具有紧密替代关系

一是覆盖地域和服务时间不同。线下零售商业服务由于经营场所地理位置和交通等方面的限制,通常只能使经营者与周边一定区域内的消费者达成交易,覆盖地域范围有限。网络零售平台服务则能够借助互联网,在服务范围上突破地理空间限制,并通过物流体系使平台内经营者与全国范围内的消费者达成交易。同时,线下零售商业服务一般有固定营业时间限制,网络零售平台服务通过虚拟交易场所可以使平台内经营者实现全天候营业。

二是所服务经营者的经营成本构成不同。线下零售商业服务提供的经营场所一般是实体店铺,经营者经营成本主要包括店铺租金、装修费用、人工成本及仓储成本等。网络零售平台服务为平台内经营者提供的是虚拟交易场所,其经营成本主要为营销费用和佣金抽成等可变成本,试错成本相对较低。

三是支持经营者匹配潜在消费者的能力不同。网络零售平台服务借助大数据分析和算法等技术手段,可以汇总分析消费者偏好等市场需求信息,为消费者“画像”,使平台内经营者能够精准匹配目标客户,并通过营销推广将商品推送给更多潜在消费者,降低其对消费者针对性搜索和匹配成本,提升商品供应对消费者需求的匹配速度和程度。线下零售商业服务由于缺少相应的数据和技术支撑,难以为经营者提供精准匹配消费者等服务。

四是为经营者提供的市场需求反馈效率不同。网络零售平台服务可以利用交易积累的用户评价等海量数据,深入分析市场需求及其变化,使平台内经营者更好地以市场需求为导向进

行商品生产和供应的调整。线下零售商业服务为经营者提供的市场需求反馈信息较为有限,经营者借此调整商品生产和供应的效率相对较低。

(2)从消费者需求替代分析,二者不具有紧密替代关系

一是可供消费者选择的商品范围不同。网络零售平台服务不受营业场所的物理空间限制,可以提供更多种类的商品供消费者选择。线下零售商业服务由于实体经营场所受物理空间限制,可供消费者选择的商品种类没有网络零售平台的丰富。

二是为消费者提供的购物便捷程度不同。网络零售平台服务不受时间和空间限制,可以使消费者能够随时随地购物,并与物流系统紧密连接,为消费者提供送货上门服务,提高消费者购物的便捷性。线下零售商业服务则需要消费者前往相应的实体店铺进行选购,且通常需要实地比较多家店铺才能选购到合适商品,时间成本相对较高,并且商家一般不提供送货上门服务。

三是为消费者比较和匹配商品的效率不同。网络零售平台服务能够呈现更为大量和丰富精细的商品信息,缓解信息不对称问题,使消费者便捷地进行商品比较,快速搜索意向商品,提升消费者比较和选择商品的效率。线下零售商业服务提供的商品信息相对有限,且受到营业场所地理位置、交通时间等方面限制,消费者通常需要花费更多的时间和精力搜寻意向商品,比较和选择商品的效率较低。

(3)从供给替代分析,二者不具有紧密替代关系

一是盈利模式不同。网络零售平台服务主要通过向平台内

经营者收取交易佣金、营销推广费等盈利。线下零售商业服务主要通过向经营者收取固定的店铺租金等盈利。

二是线下零售商业服务转变为网络零售平台服务的难度较大。有效进入网络零售平台服务市场,不仅需要满足提供网络零售平台服务所必需的基础设施、技术支撑等方面要求外,还需达到平台经济所必需的临界规模,线下零售商业服务经营者转为网络零售平台的成本很高。近年来,线下零售商业服务经营者实际发展为网络零售平台的情况较少。

因此,从需求替代和供给替代分析,线下零售商业服务与网络零售平台服务不具有紧密替代关系,不属于同一相关商品市场。

将网络零售平台服务与线下零售商业服务划为不同的商品市场,不仅是中国执法机构的观点,也几乎是全球反垄断机构的共识,无论是欧盟调查处理 Amazon 的案件还是美国国会的《数字市场调查报告》中,都把电商视为与线下商业不同的服务。阿里巴巴集团垄断案的《行政处罚决定书》基于平台两侧的经营者和消费者的需求替代性以及电商与线下商业的供给替代性分析,也充分论证了这一点。然而,2020 年 5 月,法国竞争总局发布了一个关于电商行业竞争政策的分析报告,对于线上和线下商业的替代性提出了一些有趣的观点。首先,报告引用了 2018 年的一份市场调研报告,显示在法国 48% 的文化产品、26% 的高科技产品和 20% 的家用电器及 7% 的快销品是通过线上渠道销售的,从而认为不同商品的线上销售渠道对线下销售渠道替代性程度是不同的,应当进行个案分析。法国竞争总局曾在审查一起并购案中发现,2012 年在法国只有 3.2% 的食品是通过线上渠道销售的,说明在当时食品行业线上和线下渠道之间基本不存在竞争,类似的还有园艺产品、宠物等。但是在另外一些品类上,如玩具,2017 年的在线销售在总销售额中的占比相比于 2012 年提高了一倍,达到了 28%,说明线上销售对线下销售持续渗透的替代性,对于此类线上销售占总销售比例较高的商品领域,法国竞争总局倾向于认为线上和线下构成一个相关市场。其次,报告还以经营者的视角,提出如“灰褐产品”(数码产品)的供应商在制定价格策略时会同时考虑线上、线下渠道的市场价格,相反,园艺产品的供应商在定价时基本不受线上渠道价格的影响,说明不同品类商品的线上和线下销售的替代性也是不同的。再次,报告认为,从两个渠道的商品替代性上看,只要线上和线下销售的商品品质和价格差异足够小,就可能存在替代性,如数码产品、玩具、书籍等线上和线下产品的品质和价格差异基本不大,消费者选择线上或线下渠道的考虑主要是送货服务、售后服务等因素,相反,香水、奢侈品、低价家用品或普通商品等的线上和线下渠道的商品品质和价格可能差异较大,这也解释了为何后者商品的线上销售额占总销售额的比例很低。最后,如果商家同时选择线上和线下渠道销售,或消费者同时选择线下和线上渠道购买,这类商品的线上和线下市场也可能被认为是具有替代性的。在审查两家玩具商 Toys‘R’Us/PicWic 并购案时,法国竞争总局就发现 Toys‘R’Us 同时发展线下和线上渠道,相反在园艺盆景、低价家居用品等行业做多渠道销售的供应商则很少。[①] 法国竞争总局提出的以上观点,主要来自零售业的并购审查案件,有大量的数据分析、定量分析(SSNIP)以及定性分析的支持,然而报告主要涉及的是线上渠道对线下渠道的替代性分析,但是线下渠道对线上渠道替代性分析还不充分,这或许也和并购案件中的起点市场大部分还是线下零售市场有关。当然,随着电商行业的发展进步,那些原本被认为线上渠道对线下渠道替代性不足的商品领域,可能出现新的变化,例如,在视频直播或视频内容加入电商推广后,有些如奢侈品、宠物等商品的线上和线下渠道的替代性也在发生变化。

三、不同类型的电商平台的替代性

在《行政处罚决定书》[国市监(2021)28 号]中,国家市场监管总局还提到了不同类型电商平台的相关市场问题,指出无论哪种形式的网络零售平台,“均主要提供网络经营场所、交易撮合、信息发布等服务,帮助平台内经营者与消费者达成交易”,但没有展开更多论述。不同类型的电商平台之间的异同性是一个复杂的问题,还有不同的观点相互碰撞。

---

① Autorité de la Concurrence, *Competition & E-commerce*, 2020, p. 10 – 20.

(一)B2C 和 C2C 电商平台

在《行政处罚决定书》[国市监(2021)28 号]中,将两类型的电商平台认定为属于同一相关市场,主要理由是:(1)无论是个人卖家还是企业卖家,都是平台内经营者,两种平台提供的服务并无本质区别;(2)平台经营者通过调整平台规则即可在两种模式之间进行转换。也就是说,无论是 B2C 平台还是 C2C 平台,平台都是为经营者和消费者提供撮合交易的服务,卖家群体的差异不会导致两类平台服务存在本质差异,而且即便有差异,也是由于平台经营者设置不同平台规则造成的。事实上,从电商平台的发展过程看,早期在线市场类的电商平台都是 C2C 模式,随着平台的商业化程度提高,企业卖家逐渐成为电商平台内经营者的主流,即便是被视为 C2C 平台的淘宝,恐怕如今也是以企业卖家为主,可以说 B2C 平台是从 C2C 平台基础上发展起来的,这有其固有的商业发展逻辑。因此,以是否从事商业活动来衡量,企业卖家和个人卖家确实没有什么区别,都是“商人”。然而,如果将 B2C 平台和 C2C 平台的差异完全归结为设置了不同的平台规则,恐怕也不尽然。

首先,无论是 B2C 平台还是 C2C 平台上的企业卖家和个人卖家之间不能以“商人”身份为区分标准。因为纯粹的 C2C 平台已经不存在了,所谓的个人卖家都已经商业化了。以天猫和淘宝平台为例,两个平台最主要的差异均源于卖家的差异。天猫入驻商家要求是注册资本 100 万元以上的企业,且销售的商品为品牌商品(拥有商标或品牌的合法授权),而淘宝平台的商家入驻基本没有限制,以个人(包括个体工商户)商家为主。同时,两个平台的收费规则也不同。根据公开市场数据,截至2019年天猫的商家数约37万,淘宝平台的商家数则有约900万,天猫的商家规模普遍要比淘宝平台商家大,天猫平台被视为淘宝平台的升级版,这显然是由于平台的入驻规则导致的差异化。

其次,由于平台经营者在商家侧做了挑选和分层,使天猫平台和淘宝平台自然而然地有了一些差异。这些差异包括:在商品、店铺展示上,天猫店铺普遍要优于淘宝店铺;在平台提供的服务方面,天猫平台的商家和消费者端的服务更丰富、质量更高;在平台商品方面,天猫平台较多的是对品牌、商品品质有更高要求或标准化的商品,而淘宝平台的商品种类,比天猫更丰富多样,且存在大量非标商品,如古董、字画、文玩、农资农具、生产资料等。

再次,由于平台的商家以及产品的差异,基于平台的网络效应,平台另一侧的消费者也会因商家侧的差异而存在差异,天猫平台的消费者可能更青睐于价格更高的标准化品牌商品,表现出对商品品质、品牌美誉度的更高要求;淘宝平台的消费者则注重商品的性价比,价格敏感度更高,或者对非标个性化商品情有独钟。例如,淘宝平台中有古董、钱币、字画、收藏品、二手数码等品类商品,而天猫平台则没有。

最后,B2C平台和C2C平台在商家侧和消费者侧的差异会因为平台的双向正间接网络效应而强化。也就是说,平台为消费者吸引来更多类型化的商家,反过来也会吸引更多的对应类型化商家、商品的消费者,平台两侧的商家和用户会因为另一侧的用户积累而积累,并形成平台特色的交易匹配。

总的来说,B2C 平台和 C2C 平台都属于在线市场平台,以撮合商家和消费者之间的交易为主要功能,商家的规模、品牌差异导致平台也呈现出差异,这就好比地处闹市的豪华商场与地处偏僻的区域商场的差异,但这些差异是否导致两个平台属于不同的相关市场,目前也仅限于定性分析而缺乏定量分析,而且定性分析的差异也不足够显著。总的来说,B2C 平台从 C2C 平台分化衍生而来,就如同天猫平台从淘宝平台生长出来一样,目前两类平台的差异性可能还不足以被划分在两个不同的商品市场,但电商平台商业模式在不断进化发展,未来很难说不会出现存在根本差异的 B2C 平台和 C2C 平台。

(二)综合电商平台和垂直电商平台

综合电商平台以天猫、淘宝、京东、Amazon 等为代表,其平台上商品类别丰富、平台服务多样化,吸引的商家和消费者也更多元化;垂直电商平台以唯品会、尚品网、聚美优品等为代表,连接的是类似的商家和商品,平台上承载的商品和服务具有专门性的特点,在一定程度上具有高效、低成本、针对性消费者引导的优势。

综合电商平台与垂直电商平台的主要差异在于平台上的商

品类别，平台两侧的商家和消费者有所不同，进而垂直电商平台会根据商品的特点和类别发展出一些比较特殊的服务。从消费者侧的需求替代性角度分析，垂直电商平台的消费者需求也可以在综合平台获得满足，因此，综合电商平台对其是有替代性的。但是综合平台上其他消费者的需求无疑不能从垂直电商平台上得到满足，而且，进一步看不同商品品类的垂直电商平台之间的消费者需求显然是不可替代的。从商家侧的需求替代性看，也是一样。从供给替代角度看，垂直电商平台向综合电商平台转换并不难，实际上像京东、当当、Amazon 最早都是垂直电商平台。

（三）在线市场电商平台和自营电商平台

在线市场又称作网上集市、在线商城，是为第三方卖家和消费者提供撮合交易服务的平台，而自营电商平台是平台自身作为卖家直接向消费者在线销售商品的电商平台，与转售商类似，前者典型的如淘宝、天猫、拼多多、京东商城等，后者则以京东自营、天猫超市、唯品会等为代表。严格意义上来说，自营电商平台提供的是商品转售服务，平台上面对消费者的除了平台经营者外，不存在第三方卖家也就是所谓的平台内经营者，并不是典型意义上提供撮合平台内经营者与消费者之间交易的电商平台，不具有多边性，因此也不存在所谓跨平台交叉网络效应。以《行政处罚决定书》[国市监（2021）28 号]中对网络零售平台服务的定义来看，自营电商平台并不属于网络零售平台的范畴。

我们可以列举出大量的两类平台之间的差异：平台的商业

模式、盈利模式是不同的；平台经营者的功能、提供的服务是不同的；平台服务的客户对象是不完全相同的。从替代性的角度来看，在经营者或者商家侧，在线市场电商平台与自营电商平台是不存在替代性的，但是在面向消费者的需求方面，由于两类平台都向消费者提供在线商品展示、销售服务，仍然存在一定的替代性。遗憾的是，《行政处罚决定书》[国市监（2021）28 号]没有讨论这两类电商平台的替代性问题。目前欧盟和美国在讨论 Amazon 的问题时也没有就这个问题展开过讨论。欧盟委员会在调查 Amazon 自营优待行为案件的公开新闻稿中，只是提及 Amazon 同时承担网上集市和自营电商的角色，至于在相关市场界定方面是否对此做了区分还不得而知。

这实际上带来的一个问题，就是当我们在讨论双边市场的相关市场界定时，如果我们将双边市场界定为一个相关市场，如何看待在双边市场的某一侧具有替代性的服务或产品与双边市场服务的替代性问题，是否应当将这种具有替代性的单边市场服务或产业也纳入同一个相关市场，或者说在什么情况下应该纳入同一个相关市场，什么情况下可以不纳入？这是值得思考的问题。

四、电商平台的市场力量评估

电商平台市场力量仍是以市场份额为主要的衡量指标。《行政处罚决定书》[国市监（2021）28 号]使用了平台服务收入和平台商品交易额（GMV）两个指标，这两项指标当然也是各家电商平台在公开市场宣传中用以说明公司营业状况的主要指标。实际上,可以用来衡量平台市场力量的指标是多元的,包括用户数(日活/月活/年活)、入驻商家数、成交订单数、成交包裹数等,这些指标频繁地被各家电商平台在上市财报中引用,说明至少在行业内也承认这些指标有助于说明平台的经营状况,表征平台的经营业绩。问题是,在上述各项指标反映的结果不一致时,究竟应该以哪个指标为准呢?例如,阿里巴巴电商平台的商品交易额远远高于同为竞争对手的拼多多,然而拼多多的用户数在 2021 年已经超过了阿里巴巴电商平台;从入驻商家数来看,阿里巴巴的电商平台天猫 + 淘宝已经有近 1000 万商家入驻,京东平台有 27 万商家入驻(2019 年),而拼多多则有 500 万商家入驻,商家入驻平台是有多栖性的,消费者也可能同时在多个平台购物,因此,商家数和用户数所反映的平台市场力量并不是绝对的。其他一些指标,如平台商品交易额、成交订单数、成交包裹数、平台收入等也是可以用来计算市场份额的,平台的成交订单数或包裹数代表了平台的交易体量规模,但成交体量超过 50% 的平台其商品交易额未必会超过 50% ,平台收入指标就更加复杂了。另一方面,即便要使用这些指标,因为统计口径不同也会导致结果不同,如商品交易额可能是订单口径的交易额也可能是支付口径的交易额,成交订单数可能是指用户下单数或实际成交订单数,包裹数可能是指成交包裹数或实际运送包裹数等,不同的统计口径反映市场份额的准确程度是不同的。最后,从社会统计准确性的角度来看,由于数字经济一直处于高速、动态发展状态,真正准确的社会经济统计数字几乎是不可能的,就连电商平台自身统计的数字都可能因多口径、多指标汇总而导致统计结果的多样化,这也给市场份额的计算带来困难。

第二节 社交网络

一、社交网络的概念和特征

社交网络服务的代表无疑是 Facebook,它甚至已经成为该领域唯一的服务提供商。根据美国 FTC 对 Facebook 的起诉书,认定 Facebook 所在的相关商品市场为个人社交网络服务,也就是为用户提供在共享社交空间中与家人、朋友和其他人维持个人关系和分享经历的服务,其服务内容主要包括用户画像、动态消息和时间轴等。社交网络有以下三个特点,第一,社交网络服务是建立在用户与友人、家人和其他人之间的联络图谱之上的;第二,社交网络服务是以用户在社交空间定期与他人互动并分享个人经历为特征的,包括一对多的“广播”形式,分享的内容可以是个人感兴趣的内容、照片、新闻和最新动态等;第三,社交网络令用户可以彼此联系和找寻,以便于用户更容易建立和拓展人与人的联络关系。[①] 德国联邦卡特尔局将 Facebook 的服

① FTC v. Facebook, Inc., https://www.ftc.gov/system/files/documents/cases/2021-09-08_redacted_substitute_amended_complaint_ecf_no._82.pdf, p.54–55.

务分为私人应用和企业应用，以及基于应用而发展的在线广告业务。在私人应用方面，除了基础性的社交网络服务外，Facebook 还提供在线聊天服务（Facebook Messenger）、在线市场（Facebook Marketplace）、相亲交友、在线支付服务等，并且通过 API 引入第三方 App 拓展更广泛的在线服务。欧盟委员会在其 Facebook/WhatsApp 案的审查决定书中指出，社交网络的主要功能包括构建起一个公开或半公开的朋友或联系人列表和画像，以及一对一、一对多或一对群的信息交流服务，以图片、视频或链接为内容的信息分享服务，内容评论和朋友推荐服务等，但任何一种服务都不能单独构成完整的社交网络服务。①

二、社交网络的相关商品市场

关于社交网络的相关商品市场分析，欧盟委员会、德国联邦卡特尔局、美国 FTC 等反垄断机构在处理涉及 Facebook 的案件中都有讨论，基本一致的结论是以 Facebook 为典型代表的社交网络构成一个单独的相关商品市场。德国联邦卡特尔局在 2019 年的 Facebook 案的决定书中，从反垄断的视角这样描述 Facebook 的业务模式，②Facebook 以 Facebook. com 作为媒介，

---

① EU Commission, *COMP/M. 7217 – Facebook/WhatsApp*, p. 7.

② Facebook Inc. i. a. – The use of abusive business terms pursuant to Section 19 (1) GWB, Bundeskartellamt (Oct. 18, 2021), https://www.bundeskartellamt.de/SharedDocs/Entscheidung/EN/Entscheidungen/Missbrauchsaufsicht/2019/B6-22-16.pdf?__blob=publicationFile&v=5, p. 64.

进行了网络和多边市场的整合。其最终产品是基于定向广告(targeted advertising)盈利的社交网络,并且基于这种商业模式形成了一个多边市场。关键的用户群体一边是无偿使用facebook. com 的私人用户,一边是广告商,这两个群体之间存在间接网络效应。而 Facebook 在这个核心产品中融入了更多边的市场,例如,商户可以在 Facebook. com 上编辑、发布商业性内容,与用户建立联结,推广业务;而程序开发者可以借助应用程序接口(APIs)将 Facebook 整合进他们自己的网站或 App,私人用户与后两者之间也存在间接网络效应。图 2-1 反映了社交网络的多边市场结构。

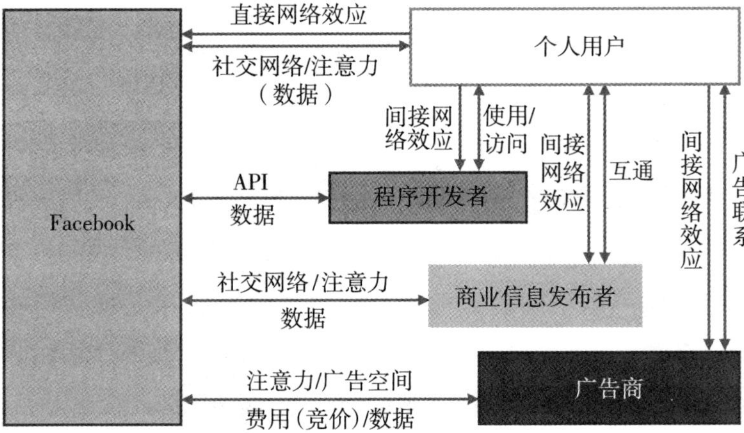

图 2-1　Facebook 的业务模式

基于社交网络服务的特性,其区别于专业社交网络、即时通信服务、社交媒体等,这一点也基本成为世界各国反垄断机构的共识。[①] 2010 年以来已有的并购审查案件、反垄断调查案件中，美国、欧盟、德国等国家和地区的执法机构对于社交网络构成独立的相关市场都有反复的论证，其中当然也有 Facebook 自己提交给监管机构的材料和证词作为依据。

首先，德国联邦卡特尔局认定市场上还存在 Google + 等少数社交网络产品，但是考虑到社交网络的直接网络效应，不同社交网络产品之间的替代性是很弱的。其他专注于求职、相亲交友或专注于某类兴趣方向的专业社交网络功能明确，用户所分享的内容、使用服务的目的和动机、形成的社交人群等与 Facebook 这类综合性社交网络都是不同的，而且如 LinkedIn、Xing 等专业社交网络往往都会直接向用户收费，这与 Facebook 的免费性质也是不同的。欧盟委员会在 Microsoft/LinkedIn 并购案中对用户使用两类社交网络的目的和动机做了市场调查，表明用户在使用综合性社交网络时是以“社交、保持联系、娱乐、消磨时间、分享内容”为动机的，而使用专业社交网络是基于“维持专业身份、建立有价值的联系、寻找工作机会、保持联系、跟上最新的职业发展”等目的。[②] 因此最终认定专业社交网络与综合性社交网络之间不具有紧密替代性。

---

① 关于 Instagram 与 Facebook 的替代性，美国 FTC 与德国联邦卡特尔局的意见不同。FTC 认为 Instagram 属于社交网络，而德国联邦卡特尔局认为 Instagram 是具有微博功能的移动图片服务，与 Snapchat 和 YouTube 分别有竞争关系，但与 Facebook 之间没有替代性。

② EU Commission, *COMP/M. 8124 – Microsoft/LinkedIn*, para. 109.

其次,关于社交网络与即时通信服务之间的替代性,后者涉及微信(WeChat)、WhatsApp、Snapchat、iMessage、Skype、FaceTime、Line、Facebook Messenger 等多种软件服务,在欧盟关于 Facebook/WhatsApp 案的审查决定书中,又将之称为通讯服务。即时通讯服务是指两个以上的用户进行即时短信聊天的服务,其中也会包含图片、视频或音频文件的传送,当然如今也发展到提供语音或视频通信服务了,它们主要是为了两人或小规模用户群组之间进行点对点的快速信息交流,交流结束之后相关信息就被很快“遗忘”或舍弃,社交网络服务为用户提供了一个虚拟空间,通过不同用户之间交换和分享观点、经历、信息而进行持续的社交活动,前者的功能是“通信”,后者的功能是“社交”,前者类似于一个数字化的城市广场,后者类似于一个数字化的客厅,二者更多的是互补而不是替代关系。

最后,社交网络与社交媒体也是有区别的,关键在于人们如何使用这个平台。社交网络平台通过其产品的特性提供“丰富的社交体验”,方便用户寻找、互动和与在线上已经认识的人建立联系。人们经常使用社交网络平台“在用户基于身份定义的特定联系人之间交流经验、意见和内容”。相比之下,社交媒体平台的主要功能是促进内容的分发和消费,包括视频分享平台如 YouTube、Spotify、Netflix 等;短视频发布平台如抖音(TikTok)等;内容发布和分享平台如 Twitter、Pinterest、新浪微博等。尽管社交媒体平台都或多或少提供了某些社交性质的服务,但其核心功能仍然是以内容发布和分享为主,并不会为用户构建一个虚拟的社交空间,其不是为了令用户与朋友、相识的人之间在网络虚拟空间建立和发展社交关系。最重要的是,社交网络平台上主要是直接网络效应发挥作用,而社交媒体是受间接网络效应影响的平台。因此,社交媒体和社交网络之间不具有紧密替代关系。

Facebook 作为社交网络平台的代表,定义了社交网络服务,十余年来也在不断丰富平台上的产品,从而与即时通信服务、社交媒体服务等难免产生交叉和竞争关系,另外,即时通信、社交媒体等也在发展社交方面的功能,例如,微信原本仅是一款即时通信软件,但微信朋友圈则将微信的社交功能大大强化了。因此,互联网在持续动态的发展,今天我们定义的产品和服务可能在十年后就会被重新定义,今天我们所做的相关市场的界定,在未来也可能被重新划定。

三、社交网络的市场力量评估

鉴于社交网络对于用户的免费性质,德国联邦卡特尔局主要考虑的市场份额指标是用户数指标,包括日活用户数、月活用户数和注册用户数,而且考察了五年的数据变化。联邦卡特尔局认为在社交网络等互联网行业中,由于自我强化网络效应天然有着集中化的趋势,因此,竞争对手之间的指标数据差异相比于指标数的绝对值更能反映市场结构和市场领先企业的市场力量。在案件调查过程中,Facebook 提出月活用户数是衡量社交网络服务的"行业标准",而联邦卡特尔局认为月活用户数不足以说明用户对社交网络服务使用的程度,用户的日常使用更能体现用户对于社交网络服务的需求及其满足程度。联邦卡特尔局还在决定书中分析了 Google + 在 2013 ~ 2015 年注册用户数的增长问题,认为其并不能反映 Google + 在那段期间的市场竞争力提升了,因为用户注册是为了使用 Google 的其他互联网产品。此外,考虑到 YouTube, Snapchat, Twitter, Instagram 等产品服务在用户侧与社交网络也有一定的替代性竞争,联邦卡特尔局也将这些产品的日活用户数纳入考量范畴。即便如此,Facebook 的市场份额仍然远超 50%。美国 FTC 除了使用日活用户数和月活用户数指标外,还使用了用户使用时长的指标,分析了 Facebook 在过去一年中的月活用户数指标以及平均每日的用户使用时长,并且以 Google + 的不成功以及近年来逐渐退出市场的社交网络服务产品为例说明目前的社交网络市场存在严重的进入壁垒。

除了市场份额之外,德国联邦卡特尔局和美国 FTC 还提出了其他认定 Facebook 垄断社交网络市场的理由。德国联邦卡特尔局提出的理由主要包括:(1)网络效应带来的市场力量,社交网络的直接网络效应和自我强化反馈循环效应使 Facebook 用户很难切换到其他的社交网络,从而令社交网络市场天然具有集中化的趋势,而且社交网络平台的间接网络效会导致市场壁垒更高,例如 Facebook 提供的在线广告服务也具有很高的市场壁垒,其他的广告服务平台很难进入社交网络的用户市场和在线广告市场;(2)社交网络对于用户的锁定效应,导致用户在不同平台之间切换的成本很高,即便是用户的多栖性也不能挽救脆弱的市场竞争;(3)庞大数据资源的积累使Facebook在数据驱动的社交网络市场上极具有竞争力。尤其在个性化广告方面,直接和间接网络效应叠加下,Facebook的巨大数据资源优势令市场壁垒非常高。当然,联邦卡特尔局还考虑了互联网创新力对于市场支配力的影响,但没有迹象显示Facebook会因互联网的强大创新力而显著丧失其市场份额。美国FTC除了分析了德国联邦卡特尔局提到的网络效应、平台切换成本等之外,还提到了Facebook对于用户的强势地位,即虽然Facebook的服务饱受批评且经常出现各种问题,却又没有显著的用户流失,也没有对其盈利能力造成影响,说明Facebook的市场垄断地位非常稳固。

第三节 在线搜索

一、在线搜索引擎的发展

20世纪90年代早期,科学家们和那些计算机企业就在探索各种互联网网站的搜索和指引方式。第一个"搜索引擎"是1990年加拿大麦吉尔大学的一个学生设计出来的,被命名为"Archie",之后不同类型的在线搜索引擎陆续出现,1996年

Google 创始人在斯坦福大学网站上启用了它们的研究项目“Backrub”。经过数十年的发展,如今的在线搜索一般由三个动作构成。首先,搜索引擎通过爬虫软件在互联网上“爬取”收集它能找到的所有网页的副本。其次,将这些资料整理成一个“索引”或一个可以实时搜索的互联网图谱,即将信息组织成查询功能所需的格式和数据库。最后,当用户向搜索引擎输入搜索词时,该引擎从索引中提取响应网站列表,并由搜索算法根据计算得出的关联性进行排序。

用户在使用在线搜索服务时通常都是免费的,绝大部分在线搜索都是通过在线广告盈利的。在这个过程中,用户并不是真的“免费”使用服务,他们提供了个人搜索数据甚至隐私数据。在线搜索服务实际上也是一个双边市场,通过吸引更多的用户获得更多的广告主的投入,并将广告推送给用户。在用户搜索侧,搜索引擎之间尽管不存在价格竞争,但是在搜索结果的关联性程度、搜索结果的反馈速度、用户界面的吸引力、网页索引的深度和广度(长尾部分)等很多方面都存在竞争。

根据搜索内容覆盖面的不同,在线搜索引擎可以分为通用搜索和垂直搜索(或者称为专业搜索)两大类,前者以 Google、百度等为代表,后者则根据不同的内容区分为不同的专业搜索,如在线电商搜索、在线旅游搜索、在线图片搜索等。

(一)通用搜索

如今绝大部分的网站都阻止网络爬虫爬取网页信息,但是像 Google 这样的大型通用搜索引擎的爬虫却被几乎所有网站所允许，因为从 Google 的索引中消失将意味着网站的流量和收入急剧下降。今天，能够在英文搜索引擎中建立并维护自己的网页索引的只有 Google 和 Microsoft 的 Bing 等极少数。其他搜索引擎如 Yahoo、DuckDuckGo 只能从这两家公司购买访问索引的权限。Google 是目前除中国外世界上最主要的在线通用搜索提供商，它占据了美国近 90% 的市场份额，在中国百度占据了近 80% 的市场份额。[①]

Google 和百度等通用搜索巨头享有的第二个优势是它们拥有且仍在不断积累的大量搜索数据，以及通过数据喂养而不断强大的算法能力。首先，搜索引擎依靠用户的查询和点击数据来指导维护搜索索引，这些数据有助于识别哪些网页是最具关联性的，并且可以不断更新。其次，用户的查询和点击数据可以用来改进搜索算法，提高搜索结果的关联性和准确度。特别是那些涉及“长尾”部分的数据，Google 自己也承认其拥有长尾优势。最后，查询规模的增加会提高广告主的参与度，因为更多的用户查询通常会转化为更多的广告点击，从而为广告主带来更多的收入。搜索引擎的主要收入来源是在线广告销售。尽管“头部查询”（相对更为常见的）数据积累带来的边际效益低于“尾部查询”，一些市场参与者也表示，一旦搜索引擎达到一定

① Search Engine Market Share United States of America: Aug. 2020-Aug. 2021, STATCOUNTER (Sep. 16, 2021), http://gs.statcounter.com/search-engine-market-share/all/united-states-of-america.

规模,规模效益带来的竞争优势会降低,但总体上点击和查询数据的规模会带来显著的竞争优势。更多的点击和查询数据会帮助不断改进搜索质量,从而驱动更多的使用并催生更多的点击和查询。

另外,Google 等少数通用搜索引擎巨头已经在浏览器和移动设备上广泛占据了默认位置。考虑到用户倾向于持续使用预先所提供的默认选项,这种默认设置实际上提高了通用搜索引擎市场的进入壁垒。例如,在美国的桌面浏览器中,Google 搜索在 Chrome(占据 51% 的美国浏览器市场份额)、Safari(31%)和 Firefox(5%)等浏览器中享有默认位置。占据 4% 的 Microsoft Edge 则将 Bing 设置为默认搜索引擎。在移动端,Google 搜索是 Android 和 iOS 移动操作系统的默认搜索软件。

(二)垂直搜索

垂直搜索引擎是提供针对特定主题和内容的专业性在线搜索,在垂直领域所提供的搜索结果的深度和广度会优于通用搜索。不同的垂直搜索需要导入不同的网络资源,例如,航班搜索需要访问航班软件和数据;某些本地生活类搜索提供商依赖于用户生成的内容,比如店铺评论信息;电商搜索则依赖于电商平台的产品和店铺数据。许多垂直搜索引擎使用的是从第三方数据库提取的结构化数据,而通用搜索则是依赖于自动化的网页爬虫技术获取网页索引资源。

通用搜索有能力也有动力提供专业化的搜索服务,在用户侧相较于垂直搜索的竞争优势明显，而大多数垂直搜索提供商仍然依赖通用搜索引擎来获得用户。当然，有些垂直搜索在数据侧是有其优势的，例如百度的爬虫无法进入淘宝，Google 的爬虫也无法进入 Amazon，因此，类似电商搜索这样的垂直搜索服务成为独立的在线搜索市场，通用搜索无法进入。

总之，垂直搜索既是通用搜索的补充，也是对它的竞争威胁。虽然垂直搜索提供商在短期内会增加通用搜索引擎的需求，但长期看它们会分流通用搜索提供商的流量，因为垂直搜索的日益流行可能会导致用户直接转向垂直搜索引擎。而且，垂直搜索从通用搜索提供商分流流量，将剥夺他们的广告收入和宝贵的查询 - 点击的数据。

二、在线搜索的相关商品市场

在 2017 年欧盟委员会对 Google shopping 的调查决定书和 2020 年美国司法部诉 Google 的起诉书中，都明确将通用搜索服务界定为独立的相关市场。美国司法部还分析了线下书籍、出版商网站、社交媒体平台和专业化搜索如 Amazon、Expedia 或 Yelp，认为它们提供的搜索服务从信息广度和便利程度上无法与通用搜索匹敌。欧盟委员会则进行了详细的替代性分析。在需求替代性方面，在线搜索虽然也提供在线内容服务，但是它是以给予用户快速获取网页为目的，其他如社交媒体、电子报刊等为用户提供的是更为复杂的信息和内容，即便有一些内容的搜索也是在有限范围内，因此，百度与微信、微博的搜索在需求替代性上是有限的；同时，社交网络也会提供一些在线内容服务，但是其功能或目的是令用户获得感兴趣的人或事情信息，可能也会提供一些搜索服务，但这种搜索一般都借助于通用搜索引擎来实现，例如，Facebook 就曾依赖 Bing 提供搜索结果，而且社交网络上的搜索在整个在线搜索市场上所占的比例非常低。

三、在线搜索的市场力量评估

首先，市场份额仍然是市场力量评估的重要参考指标，对于在线搜索而言，市场份额的计算指标也是多元化的，主流的是页面访问量、网站访问量或搜索请求量，欧盟和美国执法机构引用的指标大多是以国别年度数量统计为准。此外，考虑到 Google、Bing、百度等大型在线搜索引擎往往都会以默认搜索的形式预装在终端浏览器或手机 App 上，因此，默认预装的终端数也可以作为计算指标的参考。

其次，除了市场份额之外，执法机构比较多的还考虑了在线搜索引擎的市场壁垒。如前所述，当前除了少数较大的搜索引擎外，小的搜索引擎或市场新进入者很难建立自己的网页索引数据库，它们都需要依赖于 Google、百度等在线搜索引擎寡头获得网页索引，这成为在线搜索引擎市场最主要的进入壁垒。此外，数据和算法的积累直接决定了搜索结果的关联度和反馈速度，这确实也构成了在线搜索引擎市场的进入壁垒。

最后,企业的规模经济效应、双边市场的网络效应等也会提高在线引擎市场的进入壁垒。

第四节　网 络 支 付

一、网络支付服务

根据中国人民银行2015年发布的《非银行支付机构网络支付业务管理办法》,网络支付是指“收款人或付款人通过计算机、移动终端等电子设备,依托公共网络信息系统远程发起支付指令,且付款人电子设备不与收款人特定专属设备交互,由支付机构为收款人提供货币资金转移服务的活动”,互联网支付、移动电话支付、固定电话支付、数字电视支付等都属于网络支付业务。曾经有一个阶段,非银行支付机构也发展线下POS业务,如今已经基本被手机的移动支付业务所取代。今天,狭义的网络支付主要是指PC端的互联网支付和手机端的移动支付。中国人民银行逐年定期发布的《支付体系运行总体情况》中,在电子支付统计项下分别统计银行处理电子支付业务和非银行支付机构处理网络支付业务的笔数和金额,其中银行处理的电子支付是指客户通过网上银行、电话银行、手机银行、ATM、POS和其他电子渠道,从结算类账户发起账务变动类业务笔数和金额,包括网上支付、电话支付、移动支付、ATM业务、POS业务和其他电子支付6种业务类型。

网络支付的场景包括消费、转账、购买投资理财产品等,提供网络支付的主体则包括商业银行和非银行支付机构。对于收款人而言,网络支付服务表现为收单服务。在网络支付服务兴起之前,提供收单服务的主要是银行和银行卡组织。银行卡组织通过向用户发行银行卡,并将银行卡与用户的银行账户捆绑,作为支付服务的媒介,并基于ATM、POS机等实现线下的收单和支付服务。提供网络支付服务的非银行支付机构通过用户开立的虚拟账户与其银行卡或银行账户绑定,通过网络平台实现线上的收单和支付服务。中国在允许设立网络银行之后,支付宝和财付通甚至将“银行卡”也虚拟化了,用户在网商银行或微众银行开立的银行账户虽然没有实体银行账户本或银行卡,但并不影响用户的网络支付行为。网络支付尤其是移动支付的快速发展,进一步推动了交易支付的去现金化。

二、网络支付服务的运行模式

网络支付服务具有典型的“多边市场”属性,一端是用户,一端是商户,还有一端是银行,一个完整的资金转移过程,是通过用户、商户、银行(收单银行和发卡银行)、网络支付服务机构共同完成的。首先,网络支付平台需要接入足够多的商业银行,以实现不同用户的不同银行账户之间的资金转移。鉴于商业银行数量有限,网络支付平台与商业银行之间的接口构建可以视为平台的基础设施部分，这部分虽然也会有一定的间接网络效应，但一般情况下不会显著构成或提高市场进入壁垒。其次，平台要吸引足够多的用户和商户，用户和商户之间的交易构成网络支付服务的基础，因此，用户端市场和商户端市场成为网络支付平台的竞争场域，具有双向正间接网络效应。以支付宝和微信支付为例，支付宝通过与淘宝的绑定，实现了用户和商家的积累，当面临线上商家流量“瓶颈”，一方面支付宝大力开拓线下商户，另一方面支付宝本身也演化为生活服务平台入口，以网络生活服务入口的姿态吸引和拓展用户，美团、京东等也都在依托各自的线上商业平台发展自己的支付业务；微信支付则与微信绑定，直接获取了微信的庞大用户流量，并凭借用户端的强势积累开拓线下和线上商户。此外，近年来中国银联旗下的云闪付携庞大的银行用户流量资源，也在各个商业平台开疆拓土。Apple Pay 等则通过终端手机渠道也在网络支付服务市场上占据了一定的份额。

目前，网络支付的场景主要分为两类，即用户之间的无交易转账和有交易支付，目前，国内的支付宝、微信支付等对于用户间的转账暂不收取费用，而对于用户和商家之间的有交易支付则以向商户收取收单费为主要的盈利方式。这还是沿用了银行卡产业的“交换费”(interchange fee)模式。

三、网络支付服务的相关市场

如前所述,从网络支付的服务主体来看,主要包括银行网络支付和非银行支付机构网络支付;从支付形式来看,主要有互联网支付(PC端)和移动支付(移动端);从支付场景来看,则有消费支付、金融支付、个人支付等,消费支付主要包括电商及线上服务支付、通过电子钱包等渠道完成的线下消费支付等,金融支付主要包括线上购买理财及保险产品、偿还贷款等,个人支付主要包括信用卡还款、转账汇款和发红包等。目前在中国人民银行的统计口径中,将电子支付分为银行处理的电子支付和非银行支付机构处理的电子支付业务,电子支付包括互联网支付、移动支付等,实际上就是非银行支付机构处理的网络支付。

首先,网络支付属于非现金支付的形式之一,后者还包括银行卡、票据、商业汇票等支付形式。由于支付形式上的差异,显而易见网络支付与其他非现金支付的替代性不强。目前,网络支付大多还需要通过绑定银行卡的方式进行,但传统的银行卡刷卡支付已经逐渐被网络支付尤其是移动支付替代,银行卡市场逐渐蜕变为发卡市场,某种意义上成为网络支付的上游市场。

其次,狭义的网络支付主要指非银行支付机构提供的网络支付服务,传统银行通过网上银行和移动App提供网络支付服务,从功能上与非银行支付机构提供的基础支付服务并没有本质区别,目前,除了银联云闪付作为线上银行卡组织大规模参与网络支付服务市场竞争之外，各个银行推出的网上银行客户端或移动App所提供的服务也和支付宝、微信支付等有一定的替代性。例如，在一些电商平台上，网络支付端口选择除了支付宝、云闪付等综合支付端口之外，也会有一些商业银行的网银端口，另一方面数字化转型较快的银行网银或App上也在集成一些电商或本地生活的服务，从消费者侧的需求替代和供给替代来看，替代性程度也是非常高的。在金融支付或个人支付市场，银行的网络支付与非银行支付机构的网络支付的替代性也是显而易见的。可见，银行和非银行支付机构的网络支付服务属于同一个相关市场。

最后，在网络支付中，消费支付和金融支付、个人支付都是基于基本相同的路径和原理开展业务，只是业务场景不同，功能和目的不同。例如，消费支付依赖于线上商业如电商、本地生活服务、移动出行等平台，支付是消费过程中的一个环节，同样的道理，金融支付也需要依赖在线理财、购买保险等平台。支付宝在消费支付和金融支付市场上起步早发展快，而微信支付在个人支付市场上领先于支付宝，但是商业场景或平台是否会真正成为隔绝消费支付、金融支付、个人支付的市场鸿沟，还有待进一步观察，至少从目前中国两家主要网络支付机构的发展历史来看，似乎仍然可以视之为同一个相关市场。

四、网络支付的市场力量评估

在市场份额的指标选择上,根据中国人民银行的统计口径,支付笔数和支付金额是最主要的指标,此外,用户和商户数也可以作为参考指标加以考量。从目前的统计情况来看,非银行支付机构的交易笔数相比于银行是远远领先的,但是支付金额仍然大幅落后,但增速非常快。另外,银行也在大力发展数字支付功能,甚至通过数字支付发展了线上理财、线上商城的业务,在用户方面银行的客户黏性可能高于非银行支付机构,但银行是否能利用好既有的用户数据发展其他业务,还需要进一步观察。也就是说,目前来看,非银行支付机构相比于银行的网络支付在支付总量上是不可比拟的,在市场力量上还远不到与银行系统比肩的时候,尽管前者发展非常迅速,而且,从中国两大非银行网络支付平台——支付宝和微信支付的发展情况来看,很难说其背后依靠的电商平台、即时通信平台会真正构成市场进入壁垒,京东金融、美团支付等后起之秀的迅猛发展恰恰说明网络支付市场还远未到垄断化的程度。

第五节　网络餐饮外卖

2020 年 12 月上海市市场监督管理局和 2021 年 10 月国家

市场监管总局分别对食派士和美团两家网络餐饮外卖平台“二选一”行为作出了反垄断行政处罚。网络餐饮外卖被视为本地生活服务电商的一部分。本地生活服务主要包括在线餐饮的到家和到店服务以及在线旅行住宿(OTA)以及发展不久的社区团购、同城零售等,着重是以移动互联网解决本地生活服务的数字化问题。其中,在线餐饮服务占据了主要的份额,网络餐饮外卖又在在线餐饮服务中占据了更主要的部分。目前中国的网络餐饮外卖平台主要是美团和饿了么两家竞争者。

国家市场监督管理总局在对美团的行政处罚决定书中指出,网络餐饮外卖平台服务是指网络餐饮外卖平台经营者为餐饮经营者和消费者进行餐饮外卖交易提供的网络经营场所、信息发布,以及基于位置技术的信息匹配、交易撮合等互联网信息服务,具体包括商品信息展示、营销推广、搜索、订单处理、配送安排和调度、支付结算、商品评价、售后支持等。网络餐饮外卖平台属于“三边市场”,除了服务于餐饮经营者和消费者外,外卖骑手成为平台上不可缺少的“第三边”,平台为这三类用户提供相应的平台服务,这三类用户彼此之间存在交叉网络效应。首先,餐饮经营者提供外卖餐饮服务,平台通过积累尽可能多的商家尤其是优质特色的餐饮商家来吸引消费者;其次,消费者通过平台订餐,消费者数量越多,对于商家和送餐骑手的吸引力就会更大;最后,外卖骑手负责提供将餐饮从餐饮经营者送到消费者手中的服务,消费者和餐饮经营者之间的交易订单越多,会吸引更多的骑手加入平台提供外送服务,反过来,骑手越多则送餐速度也会更快,会吸引更多的消费者和经营者使用平台服务,如果骑手供给不足,延误送餐速度,会影响平台的餐饮外送服务的质量。此外,平台发展至今,还会提供餐饮推荐服务(对消费者)、用户点评服务(对商家、骑手)、骑手调度服务(对商家、消费者)等,这些服务依赖于平台的数据积累(来自商家、消费者和骑手)和推荐算法、匹配算法等的能力。

一、网络餐饮外卖平台服务构成独立的相关市场

案例2-2

在国家市场监督管理总局查处的美团"二选一"垄断案中,将网络餐饮外卖平台服务界定为涉案的相关商品市场,理由如下。

1. 网络餐饮外卖平台服务与线下餐饮服务不属于同一相关商品市场。线下餐饮服务,是指餐饮经营者在线下为消费者提供食品和消费场所及设施的服务活动。网络餐饮外卖平台服务与线下餐饮服务不具有紧密替代关系。

(1)从消费者需求替代分析,二者不具有紧密替代关系。一是满足消费者的主要需求不同。网络餐饮外卖平台服务主要满足消费者随时随地点餐及"足不出户"的用餐需求,并为消费者提供众多不同的餐饮经营者及丰富的餐饮商品选择。线下餐饮服务主要满足消费者现场餐饮服务的消费需求,包括餐饮消

费场所、设施及环境、现场用餐及相关服务,以及社交等方面需求。二是为消费者提供的餐饮消费方式不同。网络餐饮外卖平台服务为消费者提供“一站式”不同餐饮经营者及餐饮商品信息展示、推荐及比较服务,并通过配送安排和调度服务,便捷地实现消费者的用餐需求。线下餐饮服务一般需要消费者前往线下餐饮服务营业场所消费,为消费者提供的餐饮消费方式与网络餐饮外卖平台服务存在明显差别。三是为消费者提供的餐饮商品选择范围不同。餐饮经营者数量与餐饮商品丰富度是消费者选择网络餐饮外卖平台的重要考虑因素。网络餐饮外卖平台服务利用互联网集聚数量众多的不同餐饮经营者及丰富的餐饮外卖商品信息,为消费者提供较多的餐饮外卖商品选择。线下餐饮服务通常不能提供其他餐饮经营者的餐饮商品,并且受到实体经营场所的空间限制,可供消费者选择的餐饮商品种类与网络餐饮外卖平台服务相比存在较大差距。

(2)从餐饮经营者需求替代分析,二者不具有紧密替代关系。一是交易机会不同。网络餐饮外卖平台服务面向餐饮需求各异的不特定消费者,可以较大程度拓展餐饮经营者可触达的消费者范围,并可借助网络营销推广、大数据分析和算法等互联网技术手段,将餐饮经营者及其餐饮商品推送给更多潜在消费者,为餐饮经营者创造更多的交易机会。线下餐饮服务受到信息传播、营业场所地理位置等方面限制,餐饮经营者的交易机会相对有限。二是经营效率不同。网络餐饮外卖平台服务通过大数据、算法等互联网技术手段,为消费者提供多功能搜索及个性化推荐服务，为餐饮经营者提供商品信息展示、网络营销推广、配送安排和调度、消费评价反馈等服务，可以降低交易各方搜索、比较以及完成交易的成本，提升餐饮经营者的经营效率。由于缺少相应的互联网技术支持，线下餐饮服务在挖掘潜在消费者、供需匹配等方面的效率通常低于网络餐饮外卖平台服务。

(3)从供给替代分析，二者不具有紧密替代关系。有效进入网络餐饮外卖平台服务市场，不仅需要满足提供网络餐饮外卖平台服务所需的大量资金、基础设施、技术支撑等方面的要求，还需达到平台经济所必需的临界规模，线下餐饮服务转化为网络餐饮外卖平台的成本较高。近年来，线下餐饮服务实际发展为网络餐饮外卖平台的情况较少。

因此，从需求替代和供给替代分析，网络餐饮外卖平台服务与线下餐饮服务不具有紧密替代关系，不属于同一相关商品市场。

2. 网络餐饮外卖平台服务与餐饮经营者自营的网络餐饮外卖服务不属于同一相关商品市场。其一，从消费者需求替代分析，餐饮经营者自营的网络餐饮外卖服务主要满足消费者对其自有品牌餐饮商品的需求，消费者一般不能通过餐饮经营者自营的网络餐饮外卖服务获得其他餐饮经营者的餐饮商品，在餐饮商品的丰富度和选择范围上，与网络餐饮外卖平台存在较大差距。其二，从餐饮经营者需求替代分析，餐饮经营者自营的网络餐饮外卖服务通常仅供其自身开展餐饮外卖交易使用，不对外开放。调查显示，餐饮经营者自营的网络餐饮外卖服务通常与网络餐饮外卖平台服务形成补充而非替代关系。其三，从供给替代分析，餐饮经营者自营的网络餐饮外卖服务与网络餐饮外卖平台服务在用户数量、服务能力、技术支撑等方面存在较大差异，进入网络餐饮外卖平台服务市场需投入大量资金和时间成本建设基础设施、进行技术升级等，并达到临界规模，短时间内难以对网络餐饮外卖平台服务形成有效替代。因此，网络餐饮外卖平台服务与餐饮经营者自营的网络餐饮外卖服务不具有紧密替代关系，不属于同一相关商品市场。

综上所述，本案相关商品市场界定为网络餐饮外卖平台服务市场。

案例2－3

上海市市场监督管理局查处的食派士“二选一”垄断案同样将涉案相关商品市场界定为网络餐饮外卖平台服务，具体理由如下。

1. 在线餐饮外送服务与堂食服务不具有替代关系

（1）从用户的需求方面进行分析，在线餐饮外送服务与堂食服务不具有替代关系。用户享受在线餐饮外送服务和堂食服务虽然同属于餐饮消费范畴，但无论从用户的核心诉求来看，还是从选择情境来看，都存在显著差异。有关市场调查报告显示，75%的受访外籍人士和高达94.1%的中国籍受访者认为“外送与堂食不是一回事”。对于在线餐饮外送服务，用户更加注重订餐操作便捷、餐品信息准确、送餐速度快、送餐质量高（温度、口感等），因此餐厅需要在软硬件方面加大投入，保证食品安全、叫餐过程、餐品配送服务等符合用户需求,但无须承担就餐服务。对于堂食服务,用户的核心诉求是丰富的餐品可选性、周到的点餐服务、适宜的就餐环境、合理的上餐顺序、快捷的上餐速度、较高的餐品质量,因此餐厅需要成熟的菜品运作体系,加大对服务人员、厨师等的培训力度,以便为用户提供更高质量的就餐服务。

从选择情境来看,有关市场调查报告显示,在被问及选择堂食的场景和选择在线餐饮外送服务的场景时,分别仅有6.6%和0.7%的外籍受访者认为堂食和餐饮外送服务都可以,没有中国籍受访者认为堂食和餐饮外送服务都可以。在菜品和价格一致且不计外送服务配送费的情况下,仅有8.8%的受访外籍人士和23.5%的中国籍受访者认为堂食可以替代餐饮外送服务。用户主要是在工作忙时、天气恶劣时、不想出门时,以及时间和地理位置不方便时,出于便利性而选择在线餐饮外送服务;选择堂食服务则更多的是出于交际、体验等心理需求,例如在需要社交的正式场合或大型场合,以及以转换就餐环境为目的时,用户会选择去线下餐厅消费。相应地,餐厅为了满足用户的这些心理需求,需要在装潢、非餐饮产品等方面投入成本。

此外,从消费成本的角度看,影响用户选择堂食和在线餐饮外送服务这两种不同消费模式的主要成本差异,在于外送服务的配送费与到餐厅就餐的交通费用比较。市场调查报告显示,在菜品价格一致的情况下,分别有75.7%的受访外籍人士和85.3%的中国籍受访者不会因为在线餐饮外送服务配送费的价格上涨(5%~10%)而放弃外送服务选择堂食。

(2)从餐厅商户的需求方面进行分析,在线餐饮外送服务与堂食服务也不具有替代关系。餐饮行业在我国第三产业中一直占有重要地位,市场体量较大。随着近年来我国人民生活节奏的逐渐加快和对高品质生活的追求,选择外出就餐以及外卖叫餐的人群逐渐增长。我国移动端设备的技术发展与终端普及,不仅让在线餐饮服务行业能够更容易、更高效地实现线上与线下交互的实时性、操作的便捷性、定位的准确性以及交易的安全性,更使我国移动网民数量快速增长,为在线餐饮外送服务行业提供了广阔的用户基础。由于餐饮服务的消费频次较高,在用户对线上线下服务均满意的情况下,餐饮商户的用户黏性会越来越高。因此,为进一步拓展和优化销售渠道,餐饮商户更倾向于选择同时提供堂食服务和在线餐饮外送服务。此外,由于餐饮外送服务的人均消费通常低于堂食,并且不能减少餐饮商户的经营成本,如果餐饮商户仅提供外送服务,会导致餐饮投入产出比下降。因此绝大多数餐饮商户在选择经营在线餐饮外送服务,甚至部分餐饮商户在建立独立的外卖品牌的同时,不会放弃并仍然倚重于堂食服务,并不断通过提升在线餐饮外送服务的标准化程度和质量效率,在扩大收益的同时努力保护堂食品牌价值。因此,对于餐饮商户来说,在线餐饮服务和堂食服务不可相互替代。

2. 在线餐饮外送平台服务与餐饮企业自营在线餐饮外送服务不具有替代关系

随着互联网技术的快速发展和用户餐饮习惯的不断改变,餐饮行业互联网化程度日益提高,出现了多种在线餐饮外送服务提供形式。根据提供在线餐饮外送服务的主体不同,可以分为餐饮企业自营在线餐饮外送服务和平台提供在线餐饮外送服务两种。

餐饮企业提供自营在线餐饮外送服务,无论是通过电话订餐服务、自建在线订餐网站、App,还是通过微信公众号或微信小程序等方式,都需要额外支出开发营销成本,并且还可能发生用户下载使用量低,投入产出比低下的情况。用户只能获得特定餐厅的信息和产品,并且在配送这一餐饮外送服务的核心和难点环节中,因餐饮企业自建或外包配送体系的巨大投入,用户将不得不承担更为高昂的配送费用。相较而言,平台提供在线餐饮外送服务时,以目标用户需求为导向,整合了大量餐饮商户资源,能够为用户提供更为丰富、全面、透明的信息,使用户拥有更大的主动权和更多的选择权;同时,平台拥有成熟的配送管理体系和专业技术,还具有一定的规模效应,用户承担的配送费用也更为低廉。因此平台更容易吸引用户,餐饮商户也更倾向于选择与平台合作开展在线餐饮外送服务,这样不仅不会占用餐饮商户的人力成本,降低餐饮外送对堂食业务的影响,而且可以吸引更多流量。

据此,在线餐饮外送平台服务与餐饮企业自营在线餐饮外送服务不具有替代关系。

国家市场监管总局和上海市市场监督管理局都将涉案相关商品市场界定为网络餐饮外卖平台服务市场,并分析了与线下餐饮(堂食)服务、网络自营餐饮外卖服务等的区别,两份处罚决定书对于线上外卖和线下堂食的替代性分析也基本相同,只不过上海市场监管局引用了相关的问卷和市场调查数据。实际上，初始的餐饮服务仅限于堂食，而后逐渐发展出外卖服务。在互联网技术引入之前，电话订餐和餐饮店自送构成了外卖服务的主要形式，这种形式的外卖服务效率有限，只能作为堂食餐饮服务的补充而已。互联网技术引入之后，网络平台为消费者提供在线订餐服务，并引入第三方外卖骑手提供送餐服务，这种服务形式从效率上、服务质量上彻底改变了外卖餐饮的服务业态，进而使外卖餐饮与堂食餐饮分庭抗礼，成为餐饮服务的两种主要形式。因此，我们讨论网络餐饮外卖服务与线下餐饮的区别，本质是讨论外卖餐饮和堂食服务的差异，即消费者与餐饮经营者之间的餐饮服务交易是否是即时的、有接触的方式发生的。从消费者侧来看，外卖餐饮提供的是非即时性、无接触的餐饮服务，消费者选择餐饮店主要依据的是消费者的店铺评价和平台推荐，送餐速度和送餐距离等也是消费者进行选择的主要考量，而线下堂食提供的是即时性、有接触的餐饮服务，消费者的选择受到餐饮服务品质如餐饮质量、就餐环境、餐厅距离远近等的影响。在餐饮经营者侧，外送服务令经营者可以触达更大群体的消费者，甚至可以免除实体就餐空间，但实际上，就如同上海市场监管局处罚决定书中所提及的，大部分的餐饮经营者在同时经营网络外卖服务和堂食服务，消费者也不会因为外卖服务而放弃堂食选择，网络餐饮外卖平台与线下的堂食服务尽管都属于餐饮服务，二者的差异和区别还是比较显著的。

除了线上外卖和线下堂食服务的差异外，同为外卖服务，平台外卖和餐饮经营者自营的外卖服务的差异也是需要做分析的。两份处罚决定书的分析也基本相同，主要的理由是个别餐饮经营者的自营外卖服务提供的餐饮供给是有限的，而平台集合了丰富的餐饮供给。但客观而言，如果从单个餐饮经营者的餐饮服务来看，如麦当劳、肯德基等连锁餐饮的自营外卖和平台外卖之间的替代性还是存在的，如果麦当劳不接入美团、饿了么等外卖平台而只提供自营的外卖餐饮服务，相信对于消费者而言的麦当劳产品的外卖消费需求仍然能够得到满足。此外，外卖平台和自营外卖的差异，在逻辑上与电商平台和自营电商、综合电商平台和垂直电商平台的差异分析是有类同的，但是从国家市场监管总局在阿里巴巴集团“二选一”垄断案中相关市场界定的分析过程和结论看，似乎又有所不同。

二、网络餐饮外卖平台服务所在的地域市场

案例2-4

在国家市场监督管理总局查处的美团“二选一”垄断案中，将涉案相关地域市场界定为中国境内，理由如下。

1. 从需求替代分析，中国境内构成独立的相关地域市场。网络餐饮外卖平台的基本功能是为消费者和餐饮经营者提供基于位置的信息匹配和交易撮合服务。消费者在中国境内的不同地域，均可通过同一平台搜索、发现其所处或指定位置周边一定

范围内的餐饮经营者及相应的餐饮外卖商品；餐饮经营者在中国境内的不同地域，均可通过同一平台向定位在其周边一定范围内的不特定消费者展示、推广其餐饮外卖商品。在中国境内不同地域的消费者和餐饮经营者，均可通过同一平台提供的基于位置的相同服务，实现其外卖点餐或餐饮外卖经营需求。因此，网络餐饮外卖平台向消费者与餐饮经营者提供的信息匹配、交易撮合、配送安排和调度等互联网信息服务不受地域限制，相关地域市场应当界定为中国境内。

2. 从供给替代分析，中国境内构成独立的相关地域市场。一是中国境内主要网络餐饮外卖平台经营者为境内用户提供全国统一标准化的平台基本服务。中国境内主要网络餐饮外卖平台经营者研发全国统一的应用软件作为平台服务载体，在页面展示、使用功能、技术支持等方面在境内不同地域无重大差别，并向用户提供全国范围统一标准化的信息发布、营销推广、搜索、订单处理、配送安排和调度等平台服务。二是中国境内主要网络餐饮外卖平台经营者通常从全国层面制定重大商业策略。中国境内主要网络餐饮外卖平台经营者制定全国范围统一的佣金费率基准、合同协议文本，并与用户统一签订相关协议、收取相关费用。此外，中国境内主要网络餐饮外卖平台经营者在全国范围进行品牌营销推广，打造统一的品牌形象认知，以吸引全国范围的用户。三是中国境内各地域间不存在显著影响网络餐饮外卖平台跨地域服务的障碍。中国境内各地域间不存在明显限制网络餐饮外卖平台跨地域服务的法律政策壁垒，也不存在显著影响网络餐饮外卖平台跨地域服务的用户偏好差异。调查表明,通常情况下,网络餐饮外卖平台经营者进入一个新的地域开展服务仅需有限的推广成本,且较短时间内即可实现市场进入。

3. 从实际情况看,中国境内主要网络餐饮外卖平台经营者在全国范围开展竞争。调查表明,中国境内主要网络餐饮外卖平台经营者普遍定位为全国性的网络餐饮外卖平台,从全国层面制定竞争策略,在全国范围布局并开展竞争。此外,中国境内主要网络餐饮外卖平台经营者通常在不同城市间进行交叉补贴,以支持其在中国境内不同地域开展的竞争活动。因此,中国境内主要网络餐饮外卖平台经营者之间的竞争是由各平台经营者在境内不同地域的具体竞争综合而成,平台经营者在境内个别地域的具体竞争状况差异不影响本案相关地域市场为中国境内。

案例2-5

上海市场监督管理局查处的食派士"二选一"垄断案将涉案相关地域市场界定为上海市,具体理由是,在线餐饮外送服务配送物品是即食类食品,易腐坏变质,并且目前主要依靠人工配送,配送服务距离有限。考虑到要保证食物口味、食品安全以及配送效率,在线餐饮外送平台在平台设计时就进行了城市锁定,用户使用平台订餐时首先要选择城市,然后才能选择这个城市内的餐厅订餐,不能跨城市消费。相应地,用户需要支付的配送费和合作餐厅商户需要支付的佣金因城市不同而不同。因此本机关将本案相关地域市场界定为中国上海市。

在美团“二选一”垄断案中,国家市场监督管理总局将外卖平台的地域市场界定为中国境内,而上海市场监督管理局在食派士“二选一”垄断案中,将外卖平台的地域市场界定为城市(上海市)。国家市场监督管理总局主要是认为外卖平台在信息展示和搜索上是突破地域性的,而且现有的中国外卖平台经营者的竞争策略也是突破地域性的。上海市场监督管理局则从餐饮交易的履约角度出发,认为餐饮服务仍要通过线下方式履约,线下履约是有地域限制的,而且不同城市消费者和商户需要承担的外卖成本也是有差异的。两份处罚决定书在外卖平台的地域市场界定上的分析逻辑和结论是不同的。另外,2020 年 8 月,英国竞争与市场监管局对 Amazon/Deliveroo 的审查决定中,承认网络外卖竞争具有本地化特征,但考虑到一方面外卖平台的竞争策略具有全国性,而且对于网络外卖这种新兴市场,如果在全国范围内具有优势地位,再纠结于竞争的地域性是不合适的,因此,最终将相关地域市场界定为英国全国。

从消费者的需求看,中国境内的消费者确实都可以通过外卖平台获取餐饮经营者的服务信息,即便是北京的消费者到了上海或其他城市,也可以通过外卖平台获取外卖餐饮服务,但如果按照这个逻辑,那么中国境外的经营者也是可以通过外卖平台获取信息的,那么中国境内和境外是否应该属于同一个相关市场呢?事实上,消费者通过平台获取餐饮信息,但终究需要本地化的履约消费，这是由餐饮产品的性质决定的，也就是说，一个位于北京的消费者不可能通过外卖平台点一份上海餐饮店的外卖。这意味着外卖的地域市场是以线下履约的距离远近为划分原则的，那么城市是否足以成为一个相关的地域市场也是值得思考的。餐饮是即时性的产品，如果距离过远，送餐时间过长，例如送餐时间超过3小时，可能消费者的需求替代就不明显了，但是如果在2小时以内可能都是消费者能接受的，那么地域市场就应该划定在2小时的送餐距离范围内，而并不以城市为地域划分标准。

三、网络餐饮外卖平台的市场力量评估

从美团和食派士两个案件的处罚决定书可以看到，市场份额仍然是评估市场支配力相对比较客观的指标，在美团案中国家市场监督管理总局采用了平台服务收入、平台订单量、平台交易额为指标的市场份额数据，食派士案中上海市场监督管理局则比较了平台用户数、日订单量、合作餐厅商户数量和销售额4个指标数据。以上数据都是可以反映外卖平台规模和体量的指标，然而，在数字经济时代，对于多边平台而言，传统的市场份额原则是否还能够适用是值得思考的问题，至少，不同的指标计算得出的市场份额是不同的，甚至出现相反的结果，那么简单地选择其中某项指标计算的市场份额，并以其超过50%作为推定具有市场支配地位的理由就显得说服力不足。

除了市场份额之外,两个案件中都论及外卖平台的交叉网络外部性,也即用户和商户的累积,但似乎都忽略了平台的另一侧即外卖骑手,如在美团案中列举了用户数量,而食派士案中则直接以用户数和商户数的数据作为计算市场份额的指标,但两个案件中都没有提及平台的外卖骑手的积累,实际上正如上文所述,骑手的数量和外送服务质量也是平台力量的因素之一,也会对平台的商户和消费者带来交叉网络外部性影响。

此外,作为外卖平台,数据和算法能力也是评估市场支配力的重要考量因素。尤其需要注意的是,中国的网络餐饮外卖普遍生长在本地生活服务平台之上,成为本地生活服务平台的一部分,从而使其明显具有生态规模化效应。例如,在线餐饮到店业务有助于平台积累丰富的商家,而依托于到店业务累积的消费者评价会成为平台对餐饮店经营者的重要吸引和约束;此外,本地生活服务平台上的 OTA 业务、社区团购业务等也会对平台的用户积累带来增量,这种规模化生态会加强网络餐饮外卖平台的市场力量。

最后,在食派士案中,上海市场监督管理局引入了临界分析法,基于外卖平台上的餐费、配送费和佣金做假定垄断者测试。经营者的定价能力也是评估市场力量的重要指标之一,而外卖平台在影响餐饮经营者的餐费、制订向消费者收取的配送费和向经营者和骑手收取佣金的能力上也可以看到外卖平台的市场力量。

第六节 移动操作系统和应用商店

2007 年 Apple 推出了第一款智能手机,该智能手机依赖于移动操作系统 iOS 运行,并且可以基于 iOS 安装移动应用(App)。一年之后,Google 也推出了其移动操作系统 Android。智能手机的发展也带动了移动操作系统和移动应用平台的发展和繁荣。Apple 和 Google 搭建的平台令第三方软件开发者可以面向消费者开发和提供移动应用软件,用户可以在移动应用商店(App store)上发现、下载、更新和删除 App,这二者之间形成了双向正间接网络效应。App store 上的 App 越多,会吸引更多的消费者来到这个平台,进而会吸引更多的软件开发者为 App store 开发 App,提高 Apple 和 Android 手机的价值,最终使 Apple 和 Google 分别建立起智能手机、移动操作系统和 App store 的整体生态。这种生态面向 App 开发者和消费者是开放的,但 Apple 和 Google 保持了对生态系统的控制,保证了 App 生态的品质,这也是为什么塞班(Symbian)和 Windows 两大移动操作系统最终失去竞争力的原因之一。因此,尽管 Apple 和 Google 两个公司在移动操作系统和 App store 的商业策略上有所差异,但两个公司维持对移动操作系统和 App store 的控制策略是一致的,而且都是以移动操作系统和 App store 作为吸引消费者进入其生态,丰富其商业模式的基础。

一、移动操作系统

(一)移动操作系统之间的不可兼容性

移动操作系统(OS)为移动设备(如智能手机或平板电脑)提供了用户界面、运行命令、按钮控制等底层功能,是移动设备和移动应用软件(App)之间的接口。移动操作系统的特性决定了移动设备的性能和功能,一般都预先安装在移动设备上。目前,主流的移动操作系统是 Google 的 Android 和 Apple 的 iOS,Apple 的移动设备运行的是 Apple 专有的 iOS 操作系统,其他主要的手机制造商,如三星、LG、小米等运行的是 Android 系统;华为运行的是鸿蒙系统。Apple 的 iOS 与 Android 系统不兼容,也不可切换替代,这导致两大主要操作系统各自建立了封闭的移动设备生态。2018 年欧盟委员对 Google Android 平台的调查结论中就指出,由于 iOS 无法在非 Apple 设备上使用,因此无法限制 Google 在非 Apple 移动设备的操作系统市场的支配地位。反之,Android 系统在 Apple 设备上也是不可用的,并不能对 Apple iOS 在 Apple 移动设备上的支配地位造成竞争约束。

由于两大主流移动操作系统之间的切换几乎不可能,Android 和 iOS 在操作理念、用户界面设计、设置和配置选项等方面都有很大不同,消费者如果要更换移动操作系统,不仅面临数据移植的问题,还要重新适应新的用户界面和操作逻辑,形成新的操作习惯，重新下载和安装 App 等，这些都会给消费者造成对固有的移动操作系统的“路径依赖”。虽然移动设备的使用寿命有限，但消费者如果要更换升级到一个配备不同操作系统的新设备，需要面临软件、数据、文件和其他硬件、配件只兼容一个产品生态系统的问题，这使其不太可能转向其他操作系统的移动设备。根据相关机构的调查，大部分 Apple 手机的消费者也仍然会继续使用 Apple 手机，而使用 Andriod 系统手机的用户也会继续倾向于使用非 Apple 手机。

（二）移动操作系统的市场力量

如前所述，Apple 的 iOS 和 Google 的 Android 系统是目前主流的两大移动操作系统，占据了全球移动设备的大部分份额。更重要的是，两大系统之间不互通，无法在同一移动设备上进行切换替代，是各自封闭的生态体系。即便出现新的移动操作系统，也很难撼动两大系统在各自生态体系中的底层作用，这种市场力量会影响到移动设备市场和移动应用商店市场的竞争。

同时，移动操作系统具有很强的网络效应。一个新的移动操作系统必须有足够大的用户基础，才可能吸引 App 开发人员开发在该操作系统上运行的 App。开发人员在为移动操作系统构建 App 之前考虑的最重要因素是操作系统的安装基础——有多少用户拥有运行该操作系统的设备来安装这个 App。开发人员不会为用户很少的操作系统开发 App。这加强了占支配地位的移动操作系统的市场力量。使用这个操作系统的消费者越多，就会有更多的开发者为该操作系统开发 App，从而增加操作系统对用户的价值，吸引更多的消费者。反过来，消费者不太可能购买一个操作系统不能运行最受欢迎的 App 而且缺乏一个可与 iOS 和 Android 相媲美的强大应用生态系统的设备。由于 Apple 和 Google 在移动操作系统和移动应用商店市场的主导地位，App 开发者没有动力为确保他们的 App 能在任何较小的竞争者的操作系统上运行而花费精力和金钱，因为用户基数太小了。

（三）移动操作系统市场的市场壁垒

欧盟委员会也同样观察到，强大的网络效应在移动操作系统市场上造成了很高的进入壁垒。由于移动操作系统是移动设备与应用软件之间的基础性接口，一个新的操作系统要想与 Apple 和 Google 竞争的话，必须与一个具有吸引力的手持设备捆绑起来并提供一整套现实可用的 App，而且还要有足够多的设备实现兼容。现实情况是，如今任何一款新的移动操作系统都很难与 Apple 和 Google 竞争，即使它具备更好的功能。过去十余年间，几家大型科技公司都曾试图利用其庞大的用户基础，在移动操作系统市场上与 Apple 和 Google 竞争，但都以失败告终。Facebook 和 Amazon 都试图通过 Google 的 Android 操作系统的变种进入这个市场，但这两家公司很快退出了这个市场，因为消费者大多是通过 iOS 和 Android 设备上的应用访问 Facebook 和 Amazon 的。Mozilla 和中国的阿里巴巴集团等也试图进入移动操作系统市场。Mozilla 在 2013 年发布了 Firefox 操作系统，并在 2016 年彻底退出了市场。2012 年,阿里巴巴集团开发了一款名为阿里云的移动操作系统。然而,阿里巴巴的硬件合作伙伴宏碁突然取消了与阿里巴巴的合作,当时宏碁还没有推出搭载该操作系统的设备。在过去的 10 年里,随着 Apple 和 Google 逐渐占据主导地位,诺基亚、黑莓和 Microsoft 等曾经与之竞争激烈的移动操作系统最终都退出了这个市场。黑莓曾经是领先的移动操作系统的开发商,现在把黑莓的名字授权给 TCL 销售 TCL 的智能手机,而 TCL 的黑莓手机运行的是 Android 系统。2017 年,Microsoft 放弃了它的移动操作系统业务,导致 Microsoft 退出市场的一个关键因素是,在已经为 iOS 和 Android 开发 App 的情况下,开发人员不愿为第三个移动操作系统开发 App。

二、移动应用商店

(一)什么是移动应用商店

移动应用程序(App)是在移动设备上使用的标准化软件,用户可以安装这些软件获得数字化内容或服务、分享内容、玩游戏或进行商品和服务交易。这些 App 可能被设备制造商预装在移动设备上作为操作系统的组成部分,也可以从移动应用商店(App store)或者通过浏览器直接从网页上下载。App store 是软件开发者向移动设备用户销售 App 的平台,软件开发者将 App 及其更新上传到 App store 供用户下载使用。

App store 搭建了一个 App 的分发平台,一端连接用户,一端连接软件开发者,建立起整套针对软件开发、上传、用户下载购买以及 App 开发者和商店之间的收入分配管理的规则。用户从 App store 下载的是标准统一且受到审查和监督的软件,这种标准化管理也确实带给用户极大的信任和依赖感,他们相信从 App store 下载安装的 App 经过审查可以正常运行,既不会损害移动设备也不会侵犯用户隐私。例如,在 iOS 设备上,Apple 通过 App Store 控制 App 安装,确保下载的 App 符合 Apple 在隐私、性能和安全方面的标准。除了从 App store 下载和安装 App 外,用户还可以搜索、浏览和查看 App 的评论,也会接受 App store 提供的推荐服务。另一方面,App store 为软件开发者提供了触达用户的平台,大大降低了软件开发者的获客成本,并且为开发者提供软件开发工具、技术支持和分析工具等用以开发、测试和发布 App 以及基于操作系统的标准用户界面和用户体验、安全的应用平台,负责管理 App 及其下载、更新的存储系统,构建销售 App 的账单和支付管理系统等。总之,App store 作为连接用户和软件开发者的多边平台,分别为用户和软件开发者提供围绕 App 的各项服务,建立两侧用户之间的交易规则并撮合其交易,实现共赢。

(二)移动应用商店面临的潜在竞争约束

首先,除了 App store 中的 App,用户也可以通过浏览器网页获得部分类似的服务或内容,也就是所谓的网页 App。网页

App 相比于普通的浏览网页，功能上更丰富，如可以加入一些互动功能，一定程度的离线运行和推送通知等，在移动设备上打开也比普通网页更方便，因此其具备一定的本地 App 的功能和属性。但网页 App 毕竟是通过浏览器网页打开并提供服务的，在功能、用户体验、可发现性、数据追踪、创新性等方面与本地 App 都是有差别的。① 例如，App 作为一个软件程序，可以接入移动设备硬件和操作系统所附带的特殊功能如摄像头或定位服务供更加丰富的功能服务，网页 App 可以提供静态化的内容，但不可能提供一个软件程序。Apple 的“AppStore 审查指南”第 4.2 条描述了 App 的最低标准，“你的 App 应该具备不同的功能、内容和（用户界面），以令（该 App）不仅仅是一个重新包装过的网站而已。如果 App 不是特定有用、唯一或像一个 App 的话，它就不该进入 AppStore”。也就是说，如果一个 App 和网页的功能相似，它就不是属于 AppStore 中的 App。可见，网页 App 与本地 App 并非具有紧密替代性的产品，开发者不可能通过开发和运营网页 App 去替代本地 App 的开发。总之，App 是用户在移动设备上获取内容和服务的主要方式，并已成为人们日常生活中不可或缺的沟通、交易、娱乐和流浪新闻的载体。在美国，用户在移动设备上上网的时间中，有近 90% 是通过 App 完成的。网页 App 与通过移动设备上的 App store 发布的 App 相

---

① The Netherlands Authority for Consumer & Markets, *Market Study into Mobile app Stores*, 2019, p. 42 – 44.

比,并不是一个具有竞争力的替代方案,也不会对由 Apple 和 Google 经营控制的 App store 的市场支配力量产生竞争约束。

其次,用户也可以选择以侧载(sideload)的方式在移动设备上安装 App。所谓侧载,是指通过非官方渠道(非官方 App store)在智能设备上安装 App。Apple 不允许用户在 iOS 设备上侧载(sideload)其他 App,而且也很少有消费者具备“越狱”iOS 设备去侧载 App 的技术。Google 虽然允许在 Android 设备上进行侧载,但是如果可以选择的话,消费者更愿意从 App store 安装 App,选择侧载的人并不多。而且 Google 给 Android 设备的侧载应用设定了很多不方便的规则,一个侧载的过程甚至需要经过 20 个步骤,而且还会不停地跳出安全警告,如果一个软件开发者为消费者提供了侧载的途径,其在 PlayStore 中的 App 下载、更新及分成等都会面临麻烦。当然,也有例外,Epic Games 作为世界知名的游戏制作公司,因手游下载收入分成问题与 Apple 和 Google 产生了纠纷,其开发的堡垒之夜(Fontnite)等游戏虽然在 AppStore 和 PlayStore 下线,但仍然可以通过侧载的方式在 Android 设备上下载安装。侧载对于软件开发者最大的好处是可以避免 App store 收取的 30% 手续费,但是在软件更新、推广和曝光以及数据追踪等方面存在明显劣势。因此,总体来说,侧载 App 对于 App store 的替代性是有限的,在移动设备上侧载 App 也不会对 Google 的 PlayStore 的市场支配力量带来竞争约束。

再次,一些移动设备制造商会在自己制造的设备上预装自己或第三方开发的 App。Apple 基本没有在 iOS 上开放其他

App store,只是曾经与 Google 达成协议允许在 iPhone 上默认安装 Google Maps 和 Google Search,但后来都被 Apple 自己的应用取代。那些第三方 App 开发者如果要通过预装的方式触达最终用户,需要与大量的、不同的设备制造商达成预安装协议,而且与设备制造商达成协议的成本也是非常高的,因为设备制造商通常不愿意搭载过多的第三方 App。Facebook 与部分 Android 手机制造商达成了预装协议,因此在一些手机上我们可以看到 Facebook 的 App,但是对于那些小的 App 开发者,它很难实现这一点。

最后,目前一些 Android 设备的合作伙伴,也在其生产的移动设备上预装自己的 App store,如三星的 GalaxyStore、Amazon Appstore、Aptoide 以及华为等,第三方 App store 要想成功挑战 Google 的 PlayStore 需具备两点:第一,消费者必须能够安装它们的 App store;第二,该 App store 必须有用户想要的流行的 App。目前,全球大部分的 App 都是从 AppStore 和 PlayStore 下载、安装的,任何 App 软件开发者要想让他们的 App 覆盖全球手机用户,就必须遵循 Apple 和 Google 设定的规则和条件。在 App store 模式推出之前,第三方 App 并不是移动设备用户体验的核心组成部分,三星、华为等移动设备制造商者可能通过提供卓越的手机设计、用户界面和第三方 App,搅乱移动设备和操作系统市场。如今,第三方 App 对任何移动生态系统的成功都至关重要,数以百万计的 App 是为 iOS 和 Android 开发的,任何一个全新的 App store 都很难成功地挑战既存的市场参与者。

三、移动操作系统与移动应用商店的生态化

移动设备上的操作系统决定了用户可以访问的 App store。Apple 和 Google 在移动操作系统市场上都拥有长期的市场支配力量。全球超过 99% 的移动设备上运行着 iOS 和 Android。移动操作系统市场的切换成本高,进入壁垒高。Apple 和 Google 在移动操作系统市场的主导地位使它们有能力决定在运行各自操作系统的移动设备上软件的竞争条件和竞争程度。

Apple 采取的是封闭性的生态战略,被称为"有围墙的花园",其整合了硬件、移动操作系统和 App store,通过硬件销售攫取高额的利润,这样自成一体的生态系统导致其在移动操作系统(OS)和移动应用商店(App store)两个市场上都是缺乏竞争约束的,从而自成一个相关市场。Google 在纵向整合上不如苹果,因为 Android 定位为开源操作系统,在 Google 的生态系统中硬件是开放的,这样可以使 Android 系统通过更多的移动设备触达更多的用户,然后通过卖服务和广告获得高额利润。因此,Google 的战略是将其服务(典型如 PlayStore)与作为基础设施服务的 Android 系统捆绑起来,并利用 Android 的市场力量进行上下游的整合,从而令 PlayStore 这样的服务在相关市场上取得市场支配力量,任何试图与 PlayStore 竞争的服务都受到 Android 瓶颈制约,难以成长。随着塞班和 Windows 系统在竞争中的落败,Apple 和 Google 成功地将它们的移动应用商店开

放给第三方 App 开发者,充分激发间接网络效应,不断自我强化,筑高市场壁垒。两个生态系统的封闭特性且缺乏互操作性,导致消费者面临非常高的切换成本。App 开发者如果想要触及智能手机用户的整个潜在市场,就必须在所有 App store 中都有 App,这导致移动应用商店市场上的竞争和创新不足。Apple 和 Google 之间已经不在移动操作系统或移动应用商店竞争了,它们要竞争的是成为消费者触达在线内容和服务的默认窗口,而移动应用商店及其中的 App 是两个平台拓展其平台生态和维持各自市场力量的关键。目前看,几乎所有流行和成功的 App 开发者同时在两个平台经营,而小的开发者又很难被看见,因此我们看不到两个平台之间有实质性差异化竞争。

Apple 和 Google 在各自的移动生态系统软件分销市场上缺乏竞争约束,无论是网页 App、侧载 App、预装 App 还是第三方 App store,都不能真正取代 AppStore 和 PlayStore。移动 App store 的核心优势是集中管理软件的分发,这令 Apple 和 Google 可以控制并决定用户能够发现和安装哪些 App。作为用户访问移动设备上的内容和服务的主要途径,AppStore 和 PlayStore 可以从用户在其设备上所做的一切行为中获取收入并拥有控制权。这种支配性地位使 Apple 和 Google 可以制定 App 开发者必须遵守的条款和条件,开发者要么遵守要么失去用户。此外,Apple 和 Google 都开发了一种用户在 App 内消费时的支付模式即应用内购买(IAP),对用户通过 Apple 和 Google,以及 Android 设备上的其他移动 App store 下载、安装、订阅使用 App

时收取30%的佣金,对于新闻App或流媒体等订阅服务,第二年及以后的佣金是15%。这源于Apple在2009年推出AppStore时确立的“Apple税”,这个比例已经成为行业标准。Apple和Google会通过IAP收集用户的个人支付信息,将支付款项扣除手续费或佣金后汇给App开发者。开发者必须通过iOS或Android设备上的App store运营商的IAP进行支付。IAP系统为移动设备用户提供了便利,允许消费者在自己的App中进行交易。但是由于App store的定价机制缺乏竞争,特别是考虑到AppStore和PlayStore已经取得的规模而直接设定他们的费率标准,正是说明了在iOS和Android生态系统中的软件分发市场缺乏竞争。

第七节　数字地图及导航服务

一、数字地图的业务模式

数字地图服务为用户提供了物理世界的虚拟地图。地图服务主要有两类客户:使用地图产品进行导航的消费者以及利用底层地图库和设计工具生成定制地图的企业。这两种服务都依赖于数字地图数据库,随着智能设备的普及,数字地图已经成为重要的经济资源。地图数据的收集方式有几种,包括收集卫星和街道图像、跟踪全球定位系统的轨迹以及整合公共领域地图数据等。建立和维护数字地图数据库是昂贵且费时的,需要在制图技术和数据收集方面进行大量投资。领先的数字地图数据提供商是 Google,其他较小的供应商还包括 HERE 和 TomTom,以及开源供应商如 OpenStreetMap,在中国则有百度、高德、腾讯等。Waze 是 Google 在 2013 年 6 月收购的一家地图提供商,该公司依靠司机生成的实时地图和众包(crowd-sourced)更新来开发导航地图。

面向消费者,数字地图供应商提供地图数据库的授权、搜索和交通导航等服务。消费者可以通过独立的导航服务供应商(如 MapQuest、Bing Maps)也可以通过一体化的数字地图服务(如 Google Maps、Apple Maps、高德、百度等)供应商获取服务。Google 和 Apple 将它们的地图产品设置为 Android 和 iOS 产品的默认选择,这也使它们能够保持和扩大其市场地位。数字地图供应商在面向消费者侧通常都是不收费的。它们通过销售基于位置信息的广告,或者通过向企业提供服务来补贴面向消费者侧的地图服务,包括通过提供地图设计工具和地图库生成定制的地图,从中获利。

二、数字地图涉及的相关商品市场

2008 年,欧盟委员会在审查 TomTom/Tele Atlas 案的过程中,首次对数字地图领域的相关市场界定表明了意见。欧盟委员会界定了上、中、下游三个市场,分别是导航数字地图数据库、导航软件市场和导航设备市场，很明确地将数字地图数据库和导航服务区分为两个不同的相关市场。

数字地图首先包含地理信息，如位置信息、地形信息等，标识清楚公路、铁路、河流等土地用途，其次需要有地图特征信息，如街道名称、地址、行程方向、转向限制和速度限制等，最后还需要有展示信息。这些信息来源是多样的，包括如航拍照片、卫星图像、官方地图数据库和基于用户行车采集的地理信息等。除了以上信息外，地图上还可以附加更多服务，如地图更新，语音导航，餐馆、酒店、加油站、景点等兴趣地点信息，卡车专享服务（如高度和重量限制、车道限制等），邮编，3D 场景等，当然这些非基础性服务消费者可以选择购买。

数字地图数据库可以用于多种场景，最主要的还是定位、路线规划和导航等功能。欧盟委员会在 TomTom/Tele Atlas 案中，基于数字地图的用途将导航和非导航数字地图数据库界定为不同的相关商品市场。首先，从需求侧来看，二者的替代性是有限的。用于导航的地图数据库必须有足够的细节和精确度，而且需要不断更新，甚至包括一些附加功能，而定位服务和路线规划服务则只需要地图数据库具备基本的功能即可。其次，从供给替代上，仅具备基本功能的数据库是很难替代导航品质的地图数据库的。导航地图数据库需要投入大量资源进行维护，还需要通过采集用户出行信息不断更新，而且更新所花费的时间也非常长，仅以欧盟地域范围为例，更新数字地图数据库可能需要数年时间，因此，导航地图数据库的维护成本是非常高的。

除了根据是否具备导航功能区分不同的地图数据库外,欧盟委员会还考虑了是否应当根据用于不同导航设备如 PDA、GPS 手机及其他类型的设备的数字地图数据库做相关市场的细分,经分析认为没有必要。最后,还考虑了不同地理覆盖的数字地图数据库的替代性问题,这也涉及供应商的授权使用地理范围的问题。最终,欧盟委员会将本案所涉相关商品市场界定为特定地理覆盖范围(如欧盟或其成员方)的导航数字地图数据库市场。

关于导航软件服务,是指利用算法计算路线并在设备屏幕上提供实时指向的服务,根据导航服务和地图数据是否捆绑,可以分为在线导航、离线导航和集成导航三种主要类型。由于并购方 TomTom 提供的是在线导航,所以欧盟委员会没有就该三种类型讨论是否有必要做相关市场划分。另外,考虑到虽然各家供应商提供的地图数据呈现格式是不同的,但导航软件通常可以集成不同格式的地图数据,因此,欧盟委员会否定了将使用不同格式地图数据的导航服务分别界定为不同相关市场的意见。最后,欧盟委员会同样考虑了在不同设备上的导航软件服务是否需要区分界定问题,结论也是没有必要。

三、数字地图的市场力量评估

在市场力量的评估方面,数字地图企业的收入水平仍然可以作为衡量企业规模大小的一个指标。同时,数字地图的数据规模以及覆盖的范围也是可以用来评估企业市场力量的重要指标,后者尤为重要。除此之外,目前处于领先的数字地图及导航服务的平台在以下几个方面具备竞争优势,并可能构成数字地图市场的进入壁垒:首先,占主导地位的公司有能力在不需要盈利的情况下大举投资创建地图数据库和相关技术。试图进入这一市场的初创公司在开发产品时可能会面临巨额亏损,这将使其处于相对竞争劣势。当然,对于那些试图进入数字地图市场的大型企业而言,财力可能并不会是个问题。其次,已经建立生态规模的既存企业可以从其他业务部门收集相关的地图和位置数据,并将这些数据集成到数字地图数据库中。例如,Google“收集的大量用于数字地图的数据都来自其搜索引擎和Android 智能手机操作系统的用户”。最后,由于数字地图已经成为移动互联网的基础应用之一,Google 和 Apple 分别在其Android 设备和 iOS 设备上将自己的地图服务设置为默认使用。而且,如果开发者在开发某个 App 时选择了第三方数字地图数据库,那么在 Android 上下载并使用该 App 就需要同时下载该App 的地图功能。相比之下,如果选择使用 Google Maps 开发这款 App,将会减少 Android 上 App 的文件大小,因为设备上已经安装了 Google Maps,这在某种程度上也令第三方数字地图数据库提供商面临竞争劣势。

第八节 在线广告

一、在线广告的类别和模式

根据用户触达广告的机制不同,在线广告可以分为搜索广告和非搜索广告,后者又称展示广告。搜索广告是指伴随在线搜索结果展示的广告,用户触达广告主要是基于他们选择的搜索关键词,实际上就是指 Google、百度等桌面或移动搜索引擎上的数字广告。2000 年,Google 首先推出搜索广告业务,2002 年引入了竞价拍卖模式,并且启用了按用户点击广告量来计算广告价格的计价模式。搜索广告令广告主可以通过用户输入的搜索词精准触达消费者。在初期,Google 提供的主要是通用搜索的文本性广告,如今已经发展到购物广告、有机性搜索结果(Organic Search Results)等多种样式。在通用搜索广告服务之外,一些电商网站如 Amazon、淘宝中物品和店铺的搜索广告、在线旅游网站如 Expedia、携程中关于酒店的搜索广告、在线外卖餐饮网站如美团和饿了么中的餐饮店的搜索广告等也已经有了蓬勃的发展。

展示广告则是将广告内容投放到网站和移动 App 的广告"坑位",以 Facebook、微信、抖音等具有社交性质的平台广告为代表。例如,广告主可以在 Facebook 生态平台(包括 Facebook.

com、Facebook Messenger、Instagram 等）或基于所谓“受众网络SDK”的 Facebook 受众网络第三方平台上展示广告。展示广告可以匹配用户画像，其目的是基于用户的个人商业行为、兴趣、购买力等标签向用户推送其可能感兴趣的广告（所谓定向广告、兴趣导向广告、个性化广告）。展示广告可以分为自有平台广告和第三方平台广告，前者指的是 Facebook、Twitter、Amazon、腾讯、阿里巴巴、抖音等公司，它们在自己的平台上直接向广告商出售广告坑位；后者则由第三方中介供应商运营，促成广告主与广告商（如报纸或微博）之间的交易，Google、Amazon、阿里巴巴等也都提供第三方广告平台技术服务。欧盟委员会在 Google Search（AdSense）案中直接将第三方在线广告中介界定为独立的相关市场。

二、在线广告的相关商品市场界定

几乎所有的数字平台都会经营在线广告业务，反垄断机构在审理审查涉及 Google、Facebook、Microsoft、Amazon 等数字企业的各类案件中，都会讨论在线广告的问题。

（一）在线广告与线下广告

2008 年以来，欧盟委员会陆续审查了 Google/DoubleClick（2008）、Microsoft/Yahoo（2010）、Facebook/WhatsApp（2014）等并购案件以及对 Google 发起了数个垄断行为案件的调查和处

罚,美国司法部和 FTC 分别在 2020 年和 2021 年起诉了 Google 和 Facebook,德国联邦卡特尔局 2018 年查处了 Facebook 垄断案,都涉及在线广告市场的界定问题,各个执法机构就在线广告与线下广告不属于同一个相关市场是有明确共识的。

与线下广告不同的是,在线广告可以通过多种有效手段精准触达目标受众。广告主可以基于受众的地理位置、时间、兴趣、消费记录和搜索偏好等信息综合分析精准地将广告推送给不同受众。而且,在线广告技术还能够核算究竟有多少用户点击观看过广告,并进而可以实现快速的再触达。因此,在线广告相比于传统的线下广告更加有效。由于在线广告技术能够精确识别用户观看留痕,其定价也是以此为基础的,包括主要针对文本性广告的“单次点击成本”(cost per click)和主要针对非文本性广告的“单次印象成本”(cost per impression)两种定价机制,传统的线下广告是无法在受众触达效果和成本之间建立如此精确关联的。

(二)搜索广告与展示广告

2008 年在 Google/DoubleClick 案中,欧盟委员会首次明确了搜索广告与非搜索广告为不同的相关市场,该意见也成为欧盟自此一贯的立场,并且在 2019 年查处的 Google Search (AdSense)案中系统完整地阐述了两类在线广告的区别。德国联邦卡特尔局在 Facebook 案和 2021 年英国竞争与市场监管局在 Facebook/Giphy 案中均重申了这一观点。首先,搜索广告和展示广告触达消费者的信息资源是不同的。搜索广告是基于消费者因搜索查询而自己表露的兴趣实现触达的,搜索查询可以清晰、直接、即时地反映出消费者的兴趣或偏好;而展示广告的信息来源则是间接的、相对不够精确的,用户数据的数量、质量和范围直接决定了展示广告投放的效率和精准度,如今,仅通过消费者访问网页的内容或者简单的人口统计信息获取的用户画像已经不足以满足广告主对展示广告的要求了。其次,搜索广告是为了令用户直接链接购物网站并完成购物过程,而展示广告主要是为了提升产品的品牌认知以及触达那些没有表露出产品兴趣的新受众,关键是要锚定潜在目标受众。最后,展示广告需要更多的"坑位",越好的"坑位"广告效应越好越值钱,但是为了照顾用户体验,展示广告的坑位资源又是有限的,相反,搜索广告几乎不存在"坑位"问题的困扰。总之,美国司法部、欧盟委员会及英国竞争与市场监管局在其案件决定书中都提到市场调查结果表明大多数广告主和市场竞争者都不认为两类广告之间存在替代性,绝大多数广告主都对两类广告分列预算,且视之为互补产品,欧盟委员会在 Facebook/WhatsApp 案中进行的假定垄断者测试也显示两者之间不存在紧密替代性。

(三)文本广告和非文本性广告

曾经,在线搜索广告主要表现为文本广告形式,而非搜索广告(展示广告)则以文本、图片、视频等更丰富的形式展现。如今,在线搜索广告的呈现形式也更丰富了,图片和视频也成为搜索广告的形式载体,2018 年 Google 的文本广告收入占其广告总收入的 85%,其余的则是非文本性广告收入。然而,2019 年欧盟委员会在 Google Search(AdSense)案中仍以是否呈现为文本形式作为区别搜索广告和非搜索广告的理由之一。稍晚的美国司法部诉 Google 案起诉书中则专门论述了文本广告和非文本性广告的差异,认为二者在目标群体、覆盖范围、格式和销售方式等方面都不具有替代性。首先,二者表现形式和传递的信息是不同的,文本广告是基于消费者的搜索词反映在搜索页面上的广告,只是标明了“广告”或“赞助”字样,那些非文本性广告则包括了更多的信息,如产品图片、价格、打分评价等。其次,文本广告主要供应平台是两家通用型搜索引擎 Google 和 Microsoft,以及基于 Microsoft 的 Yahoo 和 DuckDuckGo,非文本性广告源于消费者在更窄和更深的领域如零售、旅游、本地服务的搜索结果而提供的服务。最后,消费者点击文本广告通常都是链接到通用搜索引擎外的网站,而非文本性广告点击后仍然是在搜索引擎内的网站上实现购物。

(四)通用搜索广告与专门性搜索广告

美国司法部诉 Google 的起诉书中,除了将搜索广告界定为独立的相关市场外,还进一步指出该市场包含了通用搜索引擎提供的文本广告和专门性搜索引擎如 Amazon、Expedia 或 Yelp 等提供的专门化搜索广告,但没有展开分析二者的异同。欧盟委员会在 2019 年的 Google Search(AdSense)案中则将在线搜索广告与付费性质的专门性搜索结果区分开，后者主要指的是比较购物服务如 Google Shopping，认为二者不具有替代性。理由是，第一，广告所呈现空间是不同的，专门性搜索广告主要是呈现在零售商业平台上的搜索结果；第二，专门性搜索结果设置的条件比通用搜索广告要多，搜索目标是商品而不是关键词，核心是广告主或商家提供的关于其产品的结构化信息；第三，专门性搜索广告展示出来的信息也比通用搜索以文本为表现的形式要丰富得多，搜索结果的排序也是基于不同参数的算法实现的。

此外，欧盟委员会也曾尝试考虑将移动在线广告与 PC 端在线广告区分开，或者将社交网络上的非搜索广告（展示广告）单独界定为一个独立的相关市场，德国联邦卡特尔局则在 Facebook 案中也讨论过将基于社交网络的非搜索广告市场细分为独立的相关市场，但最终都没有给出确定的结论。

三、在线广告的市场力量评估

在线搜索广告是与通用搜索捆绑在一起的，同样，展示广告也是与社交网络等捆绑在一起的，因此，经营者在通用搜索市场或社交网络市场上的市场力量会传导到在线通用搜索广告市场或展示广告市场上。2018 年以来，法国、德国、英国、澳大利亚等国家的反垄断机构先后开展了关于在线广告市场的调研并出具了研究报告，普遍认为 Google 和 Facebook 在在线广告市场处于双寡头垄断地位，或者说 Google 在搜索广告市场、

Facebook 在展示广告或社交网络广告市场处于垄断地位。其中，美国众议院的报告引述数据称 Google 在在线搜索广告市场和展示广告市场均是主要的玩家，占据了整个在线广告市场 50% 以上的市场份额，也成为广告主或广告发布者不得不购买、销售、放置广告的平台。英国竞争与市场监管局的调研指出，Google 在搜索广告市场上拥有明显的市场力量，使其能够收取比竞争对手 Bing 高 30% ~40% 的价格。如今，广告商和发布商在买卖在线广告空间时几乎没有什么选择。这种集中度部分原因可能是市场进入壁垒太高。Google 和 Facebook 在这个市场上都有显著的领先优势，因为它们收集了大量可用于定向广告的用户在线行为数据，而且 Google 和 Facebook 在公共数据交换环境下不提供访问这些独特数据的权限。广告主只能通过 Google 和 Facebook 的广告技术间接获得这些信息。值得注意的是，Amazon 的广告业务正开始从美国数字广告收入的逐年增长中分一杯羹，其之所以能够进入这一市场，是因为它拥有自己的用户数据宝库——与零售搜索和购买相关的具有竞争优势的第一手数据。此外，Amazon 在美国家庭中 50% 的渗透率以及它在高收入客户中的影响力，可能也有助于推动其广告收入的增长。虽然 Amazon 可以利用其生态系统克服一些进入广告技术领域的障碍，但是直到今天 Amazon 的广告技术可能也只是在零售领域的在线广告市场具有优势。

第三章　数字经济中的协议行为

第一节　算法共谋

算法共谋几乎是讨论最早也是讨论最深入的一项数字经济时代的“垄断行为”，然而直到目前，真正的现实案例少之又少。所谓的算法共谋，是指经营者利用算法促成或协助实施明示或默契的共谋行为（卡特尔）。Ariel Ezrachi 和 Maurice E. Stucke 是最早系统研究分析算法共谋问题的专家，两位法学教授于 2016 年合作出版了一本关于算法共谋的专著（*Virtual Competition: The Promise and Perils of the Algorithm-Driven Economy*），①此后也

---

① ［英］阿里尔·扎拉奇、［美］莫里斯·E. 斯图克：《算法的陷阱：超级平台、算法垄断与场景欺骗》，余潇译，中信出版社 2018 年版。

多次受邀参加 OECD 竞争委员会组织的关于算法与竞争问题的讨论。近年来,OECD 及英国、法国、德国等的反垄断机构都先后就算法共谋问题出具了专门的研究报告,普遍认为算法的出现至少可以为卡特尔提供以下便利或帮助:(1)企业可以利用实时数据和算法监控一项卡特尔的实施,提高卡特尔的稳定性;(2)企业可以通过分享特定的定价算法协调定价;(3)算法有助于提高市场透明度或增进企业之间的相互依赖性,这有利于卡特尔行为的发生;(4)企业可能设计、利用创造利润最大化的定价算法,通过算法的深度学习后,实现企业之间的默契共谋。① 基于有限的案例和实证研究,目前大家基本公认算法主要应用于三种合谋的场景:(1)利用算法便利于实施明示合谋行为;(2)利用算法实施轴辐协议;(3)利用算法实现自主的默契共谋。② OECD 的报告中还根据算法在促进合谋行为中的功能和角色进一步分为监督算法、平行算法、信号算法和自主学习算法等。③

首先,算法可被用于协助、促成或监督传统的合谋行为。一方面,算法可以监督合谋各方履行价格承诺,侦测价格偏离情况,堵住合谋者的作弊路径,保障价格共谋的稳定性,也就是所

① OECD, *Big Data: Bringing Competition Policy To The Digital Era*, DAF/COMP (2016)14.

② Autorité de la Concurrence & Bundeskartellamt, *Algorithms and Competition*, 2019, and CMA, *Algorithms: How they can reduce compeititon and harm*, 2021.

③ OECD, *Algorithms and Collusion-competition policy in the digital age*, 2017.

谓的“监督算法”功能;另一方面,经营者使用相同的算法,可以实现定价机制的自动化,降低价格信息采集、反馈和跟随的偏差,从而令合谋行为的“效率”更高,也就是所谓的“平行算法”功能。2015 年和 2016 年美国司法部和英国竞争与市场监管局先后调查处理了 Amazon 英国站上两家海报网店利用定价软件自动监督和调整售价实施横向价格合谋的案件,该案如今被国际反垄断界视为算法共谋最早的典型案例反复提及。① 2020 年,西班牙反垄断机构启动了一项针对房产中介公司通过经纪软件和算法实施横向串通行为的调查,目前还没有公布案件的更新进展。除了直接被用于经营者的横向合谋之外,算法还可能被用于多个纵向协议同步化造成的横向合谋行为。例如,算法可以监测固定或最低转售价格的偏离情况,从而帮助实现横向意义的价格合谋。总的来说,利用算法协助实施传统的合谋行为,本质上仍然是传统反垄断法意义的合谋行为,不会给反垄断执法带来太大的挑战。

其次,经营者有时会采用第三方咨询公司、软件公司甚至是平台企业提供的算法更智能化地制定其定价策略,当这些算法相同或近似时,就可能会产生协同效应。虽然,经营者之间没有直接或间接的意思联络,但是以算法为纽带形成了轴辐协议式的共谋。这种协同可以大致分为算法层面(代码)的协同和数据层面的协同两种情形。代码层面的协同,意味着第三方不仅

---

① OECD, *Algorithms and Collusion-Note from the US & Note from the UK*, 2017.

仅是提供了一个具有相同目标的算法(如计算价格),而且还使用相似或相关的实施方法,例如,经营者分别通过相同算法不断向市场抛出各自的价格,该价格作为一种“信号”为各经营者的定价算法接收,接收方不断根据所接收到的信号在市场上抛出新的价格信号,基于相同的算法逻辑,最终各经营者使用的算法所给出的价格会趋于一致,这就是所谓的“信号算法”功能。2016 年欧盟委员会查处的集装箱运输案可视为此类行为的代表性案例之一。[①] 数据层面的协同,则可能意味着经营者利用算法进行信息交换或建立起各方可共用的数据池,截至目前此类型的案例非常罕见,2016 年欧盟法院审理的 Eturas 案可视作较早期的案例之一。[②] 借助类似算法实施合谋行为的最核心问题,是经营者是否知道或应当知道第三方的算法可能导致合谋。从执法机构的竞争关切角度来看,面临这种类型的算法共谋,应当具体分析算法导致协同的情形,比如,在代码层面,价格或价格参数的同质化可能会被视为以排除竞争为目的的,在数据层面,则通过算法建立起信息交换的通用规则也会被视为以排除竞争为目的的。

最后,经营者可能分别使用了不同的算法协助其做商业决策或定价策略,它们彼此之间不存在直接或间接的意思联络,仅是算法之间的互动导致了协同效应。那些具有自主学习能力的

---

① OECD,*Algorithms and Collusion-Note from the EU*,2017.

② OECD,*Algorithms and Collusion-Note from the EU*,2017.

“黑箱”算法,有可能通过互举信号的方式实现算法之间的联络,从而最终实现合谋。尽管目前还没有这方面的现实案例,但是一些研究机构的实验证实这种情形确实可能发生。这种算法自主合谋的行为给反垄断法带来了全新的挑战,本质上还是需要监管机构回答默契共谋和平行行为的区别问题,而这二者之间的界限原本就是比较模糊的,有少数人甚至建议考虑调整反垄断法上关于默契共谋的传统概念。总体上大多数人仍然主张应该将此类算法共谋行为纳入反垄断监管范畴,但反垄断机构对此仍持观望态度。

算法共谋概念具有很强的前瞻性。从现实情况看,目前算法共谋还处于比较初级的阶段,主要还是以算法作为实现定价协同或监督价格协议的辅助手段,这种算法共谋本质上并没有改变合谋行为的性质,只是手段和形式上有了新的表现。人们现在更担心的是算法自主合谋行为,我们可以视为算法共谋的高级阶段,本质上也是人类对于人工智能的怀疑。算法使用人之间没有直接或间接的意思联络,合谋只是算法的自主进化和决策的结果,它会给反垄断执法至少带来三个挑战,第一,传统的默契共谋概念是否足以覆盖此类合谋行为?在法律框架内是否需要做出相应的调整?第二,法律责任的问题。2017 年欧盟委员会官员在参加 OECD 关于算法共谋的圆桌研讨会时,指出即便价格决策是完全由算法做出的,经营者也不能因此而免除法律责任,这种关系类似于企业和雇员或企业直接或间接控制的外部机构。然而,针对这个问题各国执法机构以及专业人士仍然有不同意见,没有形成共识。第三,执法过程中固定证据、认定事实的问题。要证明算法的所有行为确实是经营者主观(包括积极主观和消极主观)谋取的结果,这对于任何一个反垄断机构而言都不是容易的事情。

第二节 最惠国待遇条款协议(MFN)

关于最惠国待遇条款协议(Most-Favored-Nation treatment, MFN),以 Amazon 的电子书案和在线旅游预订平台(OTA)系列案为代表,二者都经历了全球反垄断机构的反复审查甚至直接的执法活动。由于 Amazon 作为一家独大的电子书线上销售平台,反垄断机构的竞争关切重点在于 Amazon 滥用市场力量限制了电子书分销市场上的竞争,几乎没有涉及 MFN 的横向反竞争效果问题。因此,该案最终也以 Amazon 彻底放弃在电子书销售市场上的 MFN 模式的方式而结束。而后者,同时涉及横向、纵向协议和滥用市场支配地位行为三大竞争关切,各国反垄断机构的分析考量更为深入,影响面也非常大,最终的结论在不同国家执法机构之间也出现了分歧。

一、最惠国待遇条款的概念

数字经济环境下平台之间已经很少有赤裸裸的合谋行为,

目前发生在多边平台之间的合谋主要表现为平台之间签订的“销售条件关联协议”或借助于平台与平台销售商之间的“最优惠待遇约定”实现平台之间的横向合谋。当平台上的卖方通过平台销售产品时,约定卖方在该平台的销售条件与在其他平台上的销售条件相比会最优惠或者保持一致,这被称为“跨平台匹配协议”,这种协议限制了卖方在不同平台之间进行差异化销售的可能性。

2012 年,原英国公平贸易局(OFT)委托经济咨询公司 Lear 就价格关联协议涉及的竞争问题发布了一份名为《“公平”的价格是否会导致不公平?——对价格关联协议的研究》的报告,① 该报告将价格关联协议分为协议方价格关联协议(Within-parties PRAs)和第三方价格关联协议(Third-party PRAs)两大类。协议方价格关联协议包括跨卖方价格关联协议(Across-sellers PRAs)和跨买方价格关联协议(Across-customers PRAs)。根据报告,跨卖方和跨买方价格关联协议同时具有促进竞争或阻碍竞争的可能性,其究竟是否有利于消费者取决于受影响的市场的特征、条款的具体内容等。经济学界一般认为跨买方价格关联条款比跨卖方价格关联条款削弱竞争和阻止新的市场进入的危险更小。上述两类价格关联协议中匹配的价格(最终被决定的价格)都来自协议中的一方,第三方价格关联协议即议

---

① Lear, *Can "Fair" Prcies Be Unfair?, A Review of Price Relationship Agreements*, a report preparad for the OFT, 2012.

定的价格最终取决于协议一方与第三方的价格约定,这种协议包括卖方(经销商)与生产商签订的所谓价格相关性协议(Pricing relativities agreements)以及卖方与交易平台之间签订的跨平台价格匹配协议(Across-platforms parity agreements)。第三方价格关联协议确定了产品的买方购买产品的价格,但是买方并不是第三方价格关联协议的当事方,甚至买方可能都不知晓该协议的存在,即便买方对该协议的约定有任何的反对和抱怨,也无法依据协议进行投诉或者获得补偿。Lear 公司的分析报告更为关注跨平台价格匹配协议,后者在现今的数字经济环境下主要表现为跨平台最惠国待遇条款协议。

二、最惠国待遇条款的竞争效果分析

交易平台本身并不向卖方购买产品或向买方供应产品,而是吸引卖方和买方在其提供的一个场所中进行交易,当然这种交易平台也不仅限于网络世界,比如,城市里随处可见的大型商场本质上也属于交易平台,一面引入商户,另一面吸引消费者。同一产品的卖家可以同时通过多个交易平台销售产品,买家也可以在不同的交易平台上买到相应的产品,因此,交易平台之间在面对卖家和买家的两个市场都有竞争,也就是“双边市场”的竞争。当卖方通过销售平台销售产品时,约定卖方在该平台的销售价格应当与在其他平台上的销售价格一致,这就是所谓的“跨平台价格匹配协议”。这种协议限制了卖方在不同平台之间进行差异定价的可能性,影响了交易平台之间的竞争。首先,这会导致交易平台市场的进入壁垒,新平台本可以通过收取较低费用吸引买方,但协议约定卖方不能在其他平台上给出更低的价格,这种方法对新平台就不再可行,从而阻碍了市场进入。其次,这种协议会削弱平台之间的竞争,从而提高卖方所要支付的费用,最终提高产品售价。假定存在 A、B 两个平台,A 平台向使用者(卖方)收取高于 B 平台的使用费,在没有跨平台价格匹配协议的情况下,卖方会向 A 平台上的消费者索取更高价格以弥补其更高的成本。然而,如果卖方与 A 之间存在价格匹配协议,其将不能索取高于 B 平台的售价,于是卖方的最优定价策略是降低在 A 平台的实际售价(扣除 A 平台的使用成本)的同时提高在 B 平台的实际售价(扣除 B 平台的使用成本),这样一来 B 平台上的消费者补偿了 A 平台的消费者。这种交叉补偿减弱了 B 平台降低费率的动机,提升了 A 平台提高费率的动机,最终导致卖方将不得不在两个平台上同时提高价格,结果就是所有平台上的售价都提高了。

跨平台价格匹配协议也有其积极的一面,其能够促进和保障交易平台为售前服务所作的投资。如果卖方在劣质的平台上低价出售产品,则买方就会选择使用优质的平台享受售前服务却最终在劣质平台上购买产品,跨平台价格匹配协议有助于解决这种“搭便车”的问题。尽管如此,这类协议对消费者的影响取决于消费者享受到的售前服务是否超过这种协议可能导致的较低程度的价格竞争的害处,以及是否还存在对竞争限制更小的方式。

在既有的反垄断理论和执法实践中,价格关联协议的反竞争性主要还是在纵向限制方面引起更多的关注,在欧盟的《纵向限制指南》中,明确提到了单一品牌销售体系内的匹配条款问题。无论是跨卖方、跨买方还是跨平台价格关联协议,核心问题是市场上某些企业的自主定价权受到限制,然而这一价格限制措施又与经典的纵向价格限制即固定转售价格或限定最低转售价格有区别,被限定的价格是与市场上其他参与者相关联的(如同类产品的卖家、买家或交易平台),这又会引起对价格相关联的经营者之间合谋的担心。这类纵向价格限制行为,通过"关联"的方式,使市场价格趋于一致,一方面会使市场形成横向的价格固定,另一方面潜在的竞争者又难以进入市场,可能导致市场既有竞争和潜在竞争都遭受破坏,市场价格维持在高位,最终损害消费者的利益。同时又不可否认的是,价格关联协议本身是一种具有经济效率的商业模式,也可能促进行业发展,提升经济效率,带来更大的社会效益。

三、世界各国反垄断机构对最惠国待遇条款的监管态度

2010 年,原英国公平贸易局对洲际酒店及在线旅行预订代理公司 Booking. com 和 Expedia 签订最惠国待遇协议的行为启动了反垄断调查,拉开了全球反垄断机构对在线酒店预订市场的 MFN 协议进行调查的序幕。此后,欧盟境内的德国、法国、

瑞士、瑞典、意大利、丹麦、希腊、爱尔兰以及澳大利亚、中国香港、韩国、日本等国家和地区的执法机构也先后就相同行为展开了调查。

2014 年 1 月,原英国公平贸易局接受了 Booking. com 和 Expedia 两公司提交的和解协议,两公司承诺将不再签订含有最惠国待遇条款的协议,换取原英国公平贸易局不再针对既有条款提起诉讼,但是原英国公平贸易局发布的和解协议中没有对最惠国待遇条款做出明确定性。2013 年 12 月,德国联邦卡特尔局认定 HRS 公司在与酒店签订的合同中设定的最惠国待遇条款违反了德国和欧盟竞争法。根据相关条款,HRS 公司有权获得酒店提供给各种销售渠道(包括酒店自营、网络销售、旅行社等)中的最低价格和最优价格条件,酒店须为此承担保证和违约赔偿责任。卡特尔局认为,(1)上述条款限制了在线预订平台之间、酒店之间的竞争,导致其他预订平台无法提供更优惠的价格,间接使得酒店预订价格更高,筑高了市场壁垒;(2)并且指出酒店也不应限定销售商的价格;(3)更重要的是酒店与 HRS 公司的两个最大竞争对手也签订了类似的 MFN 条款,反竞争的效果更严重。HRS 公司在申辩中提出,如果酒店在不同渠道的销售价格不同,会给经销商的开拓带来负面效果,同时也会降低服务的质量。但卡特尔局认为这类“搭便车”的风险有限,也不会根本上抑制经销商的投资和发展。最后,卡特尔局将 HRS 公司的行为定性为滥用市场支配地位行为,回避了欧盟《集体豁免条例》对纵向价格协议的规定,认为 HRS 公司在酒店销售接入服务市场上(而非在线旅行代理销售服务或批发销售服务市场),无论是销售额还是酒店预订数量都占据了30%以上的市场份额,并利用这一市场力量强有力地实施了价格匹配条款。基于以上认定,德国联邦卡特尔局要求HRS公司在所有影响德国酒店的合同和一般交易条件中删除价格匹配条款,但并未向涉案企业作出经济处罚。[①] 2014年2月,HRS公司就卡特尔局的决定向杜塞尔多夫地区高等法院上诉。2015年1月,法院维持了卡特尔局的决定,认定该协议严重损害竞争,且不属于欧盟《集体豁免条例》中规定的豁免范畴。[②] 在调查完HRS公司之后,德国联邦卡特尔局着手调查在线酒店预订服务的两大巨头Booking. com和Expedia公司,并于2015年12月作出最终决定,禁止Booking. com公司在与酒店的协议中使用包括"最优惠价格条款"在内的最优惠预订条款,认为该条款阻止了酒店预订商通过向酒店提供更低的佣金报价开展价格竞争,限制了酒店预订网站之间的竞争,提高了市场壁垒。[③] 2019年6月,德国杜塞尔多夫地区高等法院推翻了联邦卡特尔局的决定,认为Booking. com公司可以采取狭义最优价格条款。2021年5

---

① Ingrid Vandenborre & Michael J. Frese, *Most Favoured Nation Clauses Revisited*, E. C. L. R., Issue 12, 2014.

② GCR, *German court upholds hotel site MFN ban*, http://global competition review. com/news/article/37734/german-court-upholds-hotel-site-mfn-ban/, Feb. 15, 2015.

③ GCR, *German issues SO to Booking. com over "best price" clauses*, http://global competition review. com/news/article/38352/germany-issues-so-bookingcom-best-price-clauses/, Apr. 10, 2015.

月，德国联邦最高法院又推翻了杜塞尔多夫地区高等法院的判决，认为狭义最优价格条款并不构成中性合同的必要附加限制，反而会使在线旅游平台进一步扩大市场支配地位。

与德国不同的是，在 2015 年 4～10 月，Booking. com 公司先后与法国、瑞典、意大利、[①]希腊和爱尔兰[②]等国的反垄断机构达成和解，删除涉及平台间价格关联的条款，但保留了与酒店之间的最优惠价格条款。2016 年 9 月，Booking. com 和 Expedia 两公司分别与澳大利亚反垄断机构达成和解，采取与欧洲同样的标准删除相关合同条款。[③] 随着执法活动的深入，国际反垄断界逐渐对最惠国待遇条款形成一定的共识，即将约定商家自售价格不低于平台上售价的协议条款称作狭义最优惠价格条款，而将约定商家给予平台的价格必须总是最优惠的协议条款称作广义最优惠价格条款。如此一来，欧盟境内仅有在德国的商家和平台仍不可以达成并实施狭义最优惠价格条款协议。2020 年 4 月，中国香港竞争事务委员会发布公告，宣布拟接受 Booking. com、Expedia 和 Trip 三家公司不执行“广义平价”、“广

---

① GCR, “*Unprecedented*” *collaboration leaves Germany isolated on price parity clause*, http://global competition review. com/news/article/38456/unprecedented-collaboration-leaves-germany-isolated-price-parity-clauses/, Apr. 22, 2015.

② GCR, *Sweden*, *Ireland and Greece end hotel booking probes*, http://global competition review. com/news/article/39623/sweden-ireland-greece-end-hotel-booking-probes/, Oct. 7, 2015.

③ GCR, *Expedia and Booking. com settle Australian probe*, http://global competition review. com/news/article/41797/expedia-bookingcom-settle-australian-probe/, Sep. 11, 2016.

义条件平等”及“房源平等条款”的承诺,并明确对该三项条款做了界定。广义平价条款是指“一直给予相关网上旅行社等同或优于这些住宿提供者在所有其他销售渠道提供或适用的价格”,其与狭义平价条款相对应,后者是指“只要求住宿提供者一直给予相关网上旅行社等同或优于该住宿提供者在自家的网上销售渠道所提供的价格”。广义条件平等条款是指“一直给予相关网上旅行社等同于或优于这些住宿者在所有其他销售渠道提供或适用的房间条件”。房源平等条款是指一直为相关网上旅行社提供的房源,最低限度须等同于该网上旅行社的竞争对手提供的房源。① 2021 年 3 月,韩国公平贸易委员会在其网站上宣称,已经要求在韩国从事业务的包括 Booking. com、Expedia、Agoda 等在内的 5 个在线旅游代理商删除最优价格条款或以狭义最优价格条款取代广义最优价格条款。② 2022 年 3 月,日本公平交易委员会也迫令 Booking. com 公司在日本承诺放弃广义平价条款。③

---

① 香港竞争事务委员会:《竞争事务委员会拟接受网上旅行社个案中的承诺发出的通知》,载香港竞争事务委员会网 2020 年 4 月 28 日,https://www.compcomm.hk/sc/enforcement/consultations/current_consultations/files/OTA_Notice_CHI.pdf。

② KFTC, *KFTC orders 5 hotel booking platforms to remove MFN clauses*, KFTC(Mar. 16, 2021), https://www.ftc.go.kr/solution/skin/doc.html?fn=6a52fa982cfbcb986320e94dbf0efb690f4905dd3711e6240f789fa406c9f457&rs=/fileupload/data/result/BBSMSTR_000000002402/.

③ JFTC, *Approval of the Commitment Plan submitted by Booking.com B.V.*, JFTC(Mar. 16, 2022), https://www.jftc.go.jp/en/pressreleases/yearly-2022/March/220316.html.

总之,经过十余年的全球执法活动的检验,绝大部分国家和地区的反垄断机构关于(主要发生在在线旅游预订市场上的)最惠国待遇条款的监管态度已经取得了基本一致,即对广义平价条款持反对态度,而对狭义评价条款则认可其合理性。我国目前还没有关于最惠国待遇条款的执法或司法案例,在《关于平台经济领域的反垄断指南》第 7 条纵向垄断协议部分,提出"平台经营者要求平台内经营者在商品价格、数量等方面向其提供等于或者优于其他竞争性平台的交易条件的行为可能构成垄断协议,也可能构成滥用市场支配地位行为"。国家市场监督管理总局向阿里巴巴和美团发出的行政指导书中也没有明确提出关于最惠国待遇条款的指导要求,可见,我国反垄断机构在这个问题上仍持开放的、相对温和的态度。

第四章　数字经济中的滥用行为

具有市场支配力的平台的单方限制行为对于竞争的损害是执法机构极为关注的问题，尤其是那些独家垄断平台。因为跨平台网络效应的存在，平台的市场力量会通过持续的自我强化的反馈循环（self-reinforcing feedback loop）不断加强，最终成为市场的垄断者。处于垄断地位的平台会进一步采取单方行为不断强化其垄断地位，筑高市场壁垒，这几乎是一个不可逆的过程，数字经济的动态性（dynamic）即由新的业态打破旧有的模式对于这种集中倾向有阻遏效果，然而新模式的平台仍然会重复上述取得垄断力的过程。执法机构需要努力做的是，尽可能保持市场竞争的存在，同时加强对垄断平台（如果已经存在）单方行为的监管，保障平台上各类用户的权益。

关于多边平台的单方限制行为的监管,有一种意见认为,数字经济的动态性以及互联网平台的多栖性等特性实际上放大了对于任何一个多边平台的竞争约束,使多边平台并不像看起来那么具有垄断性。实际情况是具有垄断地位的多边平台的单方行为可能具有更大的竞争损害。以排他性行为为例,平台与一侧市场上用户之间的排他性安排,可能对该侧的用户不会造成损害,但是很可能会对没有参与该排他性安排的另一侧用户造成巨大损害。通常来说,平台两侧市场上用户的利益并不是一致的,很难想象参与排他性安排的一侧用户会因为另一侧用户将为此付出更大的代价而拒绝参与该安排,其在垄断平台的压力下首先考虑的仍是自己的利益。此外,具有规模效益的平台基于跨平台网络效应,可以通过一侧的巨量用户吸引另一侧的潜在用户,平台会通过排他性安排将销售产品的竞争转向获得排他性用户的竞争,从而提高竞争对手的成本。当平台拥有巨大规模时,在一侧市场实施掠夺性定价,在另一侧市场收取高价,也就是所谓跨平台的价格补贴也会成为平台排挤竞争对手的重要手段。

总之,当一个多边平台取得市场支配力甚至仅仅是取得一定的市场优势时,对于它的单方行为更应该提高警惕而不是更宽容,尤其是当该行为具有强烈的跨平台网络效应而造成不断自我强化的反馈循环时,其对市场竞争的损害将会非常大,相应的反垄断监管应当及早介入。

第一节　大数据杀熟

一、大数据杀熟和个性化定价辨析

大数据杀熟可以理解为企业针对所谓“熟客”或经常购买商品的消费者设定更高的价格或更不公平的交易条件，从而使那些“熟客”反而比“新客”支付更高的价格，引发对交易不公平的担忧。在数字经济背景下大数据杀熟很大程度上会表现为个性化推荐或个性化定价，而在反垄断法的框架下则基本属于价格歧视的范畴。早在2013年，原英国公平贸易局在一份研究报告中首次定义了个性化定价，即企业利用采集到的有关个人的特征及其行为的数据，对不同的消费者或消费者人群设定不同的价格，这个价格往往是经营者认为消费者愿意支付的价格。理论上，基于数据和算法技术，企业的个性化定价可以实现“完美价格歧视”或“一级价格歧视”，现实中由于数据采集和算法能力的有限性，个性化定价更接近于“三级价格歧视”。然而，基于数据和算法技术实施的个性化定价能够最大限度缩小个性化定价群体的范围，从而令个性化定价不断朝一级价格歧视的方向靠近。

需要注意的是，个性化定价与动态定价、定向广告、个性化推广价格等都是有区别的。[①] 动态定价(dynamic pricing)是指企业根据市场供需变化实时调整商品价格,不是对不同消费者做差异化定价;个性化定价是根据消费者的个人特征设定不同的价格;定向广告(targeted advertising),是企业基于消费者的个人偏好和行为为其挑拣推送个性化广告,以提高获客可能性的市场行为;个性化推广价格,是企业根据消费者偏好和行为操纵搜索结果,向消费者展示其愿意支付的更昂贵的商品。

企业实施个性化定价通常要经过三个步骤:第一步,收集消费者特征和行为数据。消费者的数据是实施个性化定价的关键要素。如前所述,消费者的数据可以分为自愿提供的、被观察到的和推演出的数据,企业以不同的方式采集这些和消费者有关的数据,例如要求消费者在线填表自愿提供数据,通过 cookies 抓取消费者个人设备上的可被观察到的数据,或通过数据分析或机器学习算法等推演出消费者的相关特征。如今,由于数字化技术的进步,企业可以更有效地采集和获取那些被观察到的数据和推演出的数据,而不再那么依赖消费者自愿提供的基础性数据了,这可能会令消费者怀疑和担心自己被“监听”了,进而引发全社会及政府监管部门对个性化定价或个性化推荐的警惕和关切。第二步,对收集到的数据进行分析,预测消费者愿意为商品支付的价格。通过数据采集和分析,企业给消费者做个

① OECD, *Personalised Pricing in the Digital Era-Background Note by the Secretariat*, 2018, p. 9 – 10.

人画像,并根据画像预测消费者的意愿价格。消费者既往的购买经历数据会成为最主要的参考依据,包括购买、复购、弃购、购物车以及浏览、搜索记录等。第三步,企业根据预测向不同的消费者设定最适合的价格。在设定个性化价格时,企业为了提高促成购买的成功率,往往会偏低定价,而且定价也会受到市场竞争的影响,因此最终的定价与理论上的定价会有所差别。

二、个性化定价的竞争分析

基于反垄断法关于价格歧视行为的竞争分析框架,个性化定价的竞争分析可以分五个步骤进行。首先,确认价格差异不是因为(边际)成本的差别而产生的。企业面对不同消费者的边际成本是存在差别的,给予消费者的商品定价也会不同,这种定价差异是合理合法的,否则,是需要接受严格检视的。其次,确认企业具有市场支配地位。在反垄断法的框架下,讨论个性化定价构不构成滥用市场支配地位行为,需要确认企业或平台是否具有市场支配地位。再次,分析个性化定价对消费者福利和经济效率的影响。鉴于个性化定价的经济效果的模糊性,需要有足够的证据证明行为造成了社会损害和经济损害,这种分析要考虑消费者个人福利和社会整体福利的平衡。复次,评估影响的持续性。如果个性化定价只是提高了市场整体的平均价格,这说明价格变化只是暂时的且最终会被市场修复,并不需要反垄断法的干预;相反,当存在市场壁垒或转换成本较高导致负面效果持续难解时,则反垄断法的干预是适当的。最后,确认价格歧视的源头。发生价格歧视的因素可能很多,如企业切割市场的战略、消费者的行为惯性、缺乏价格透明度、数据采集等,只有明确找到发生价格歧视的源头,才能采取适当的救济措施和手段。①

个性化定价的竞争分析结果决定了行为在反垄断法框架下的合法性,最为关键的是对个性化定价的经济效率和竞争损害的评估分析。我们既要看到个性化定价可能造成竞争损害和消费者损害的一面,也要看到其促进和提升社会效率的可能。

首先,如果商品的定价统一维持在与面向高端消费者相同的利润水平,则低端消费者是很难获得该商品的。如果能够以更低的价格向低端消费者供给,可以令商品更大限度地到达更多消费者手中,从而提高商品的供给和需求匹配程度,提升社会整体的静态效率(static efficiency)。也就是说,个性化定价可以促使社会整体产出和消耗数量更高。当然,有另一种意见认为,个性化定价将消费者对其他商品的需求“掠夺”到实施个性化定价的商品上来,因此这种所谓效率是以牺牲其他商品的消费为代价的。而且,在数字经济时代,一方面很多商品的边际成本为零,商品产出原本就是无限的,因此所谓的提高商品产出和消费的效应在数字经济时代要大打折扣;另一方面在某些情况下

---

① OECD, *Personalised Pricing in the Digital Era-Background Note by the Secretariat*, 2018, p. 30.

如在线贷款或租车服务中，低端消费者反而被收取更高的价格，因为他们的违约率可能更高。[①]

其次，个性化定价能够促使社会剩余在高支付意愿的消费者和低支付意愿消费者之间、消费者和生产者之间的转移，这意味着个性化定价可能有助于提升低端消费者的福利，甚至提升整体消费者的福利。当然，个性化定价并不必然会促进社会剩余朝着有利于消费者或低端消费者的方向转移，其效果也是不确定的。而且，如果市场竞争激烈，企业采取低价策略反而可能令消费者剩余出现损耗。如果经营者具有实质性的市场支配地位，其利用个性化定价实施完美或一级价格歧视的风险更高。

再次，个性化定价能够令企业在不牺牲销量的情况下提高收入，从而激励企业进一步创新和差异化竞争，当然，在高度管制的市场或垄断市场上企业也可能利用个性化定价寻租。

最后，个性化定价可能会引发社会公平以及信用问题。

总体来说，在价格的差异化对于消费者而言非常复杂或不透明，消费者因差异化定价而失去了对市场的信任时，其对竞争的损害就可能发生。并且，市场力量越大的经营者实施个性化定价，损害消费者福利的可能性越高，而如果同时有两个以上的竞争性企业实施个性化定价，通常不会对消费者有损害，反而有利。更重要的是，那些容易引发价格歧视对市场竞争造成损害

---

① OECD, *Personalised Pricing in the Digital Era-Note by the European Union*, 2018, p. 5 – 6.

的因素在在线市场上会被放大。①

三、个性化定价的监管措施

目前，个性化定价被认定为违反反垄断法的案例非常少见。反垄断机构要将一项个性化定价认定为滥用市场支配地位行为，面临最主要的技术难题是，通常来说反垄断法上的价格歧视行为的损害对象都是经营者，不是最终消费者，而个性化定价针对的普遍是终端消费者。变通处理的方式包括有将个性化定价视为过高定价的剥削性行为看待，或是将个性化定价视为低价倾销的排挤性行为看待，或者索性将个性化定价视为一种新型的滥用行为。OECD 不建议对个性化定价行为处以高额罚款，而倾向于采取临时性救济措施限制和弥补个性化定价的竞争损害，如要求企业告知消费者给予的价格、折扣是个性化的；要求企业向消费者披露个性化定价是如何计算的，包括个人信息是如何用于定价的；要求企业在获得消费者同意的情况下使用其个人数据用于个性化定价；要求企业发布面向那些不适用个性化定价的所有消费者的统一定价；限制切割市场的某些如禁止转售个性化的服务和产品等行为。

除了反垄断法外，其他的可能监管手段也一直被讨论，包括反不正当竞争法、价格法、消费者保护法、数据保护法等。在保

---

① OFT, *The Economics of Online Personalized Pricing*, 2013, p. 5.

护消费者方面,监管机构可以尝试从欺诈、误导消费者以及是否告知消费者或给予消费者选择权等角度适用反不正当竞争法或消费者保护法等监管手段去处置。OECD 曾经对其 15 个成员方做过一个调查,表明最常见的救济措施就是直接禁止,大部分国家还会使用罚款以及名誉罚等,也有少数国家和地区给予消费者赔偿或停止企业继续运营的救济措施。[①] 此外,鉴于个性化定价涉及大量采集和使用消费者的数据,数据保护法在监管手段上显得越来越重要,主要的监管依据是消费者的个人信息保护以及数据保护,尤其是利用消费者数据进行用户个人画像、自动化决策定价等都属于个人隐私和数据保护的范畴,从防止数据滥采滥用的途径限制个性化定价的无序蔓延,也不失为一种监管路径的选择。

第二节　自 营 优 待

2015 年,正当欧盟委员会对 Google 的比较购物服务自营优待行为(Google shopping 案)的调查接近尾声之际,原欧洲初审法院(General Court)院长、Microsoft 案(2007)的主审法官 Bo Vesterdorf 发表了一篇文章,针对 Google shopping 案谈及自营

---

① OECD, *Personalised Pricing in the Digital Era-Background Note by the Secretariat*,2018,p. 37.

优待问题。Bo Vesterdorf 在这篇文章中质疑了根据《欧盟运行条约》第 102 条要求支配性企业不得针对竞争对手偏袒自营业务的"新非歧视理论",并且认为只有在支配性企业构成"必需设施"的前提下,才可能需要承担一定的义务。[①] 2017 年,欧盟委员会经过近 10 年的调查,最终认定 Google 偏袒比较购物自营业务的行为违反了《欧盟运行条约》第 102 条,并对该行为处以重罚。2021 年 11 月,欧洲初审法院驳回了 Google 的上诉,完全支持欧盟委员会对 Google 的处罚结果。目前,欧盟委员会正在调查 Amazon 的两项自营优待行为。其中,2020 年 10 月,针对 Amazon 利用平台上的第三方独立卖家的数据助力和支持自营零售业务的行为,欧盟委员会已经向 Amazon 做出了初步的异议声明,同时,正在针对 Amazon 利用购物黄金车(Buy Box)对自营零售业务或使用 Amazon 物流服务的卖家的优待行为进行调查。

自营优待(self-preferencing)确实是在数字经济反垄断执法中提出的新概念,尤其是 2020 年美国国会众议院《数字市场调查报告》中明确接受了这个概念并专门就数字企业的自营优待行为提出了针对性的反垄断执法改革建议,该行为已经被视为数字经济环境下代表性的"新问题"之一。自营优待行为是指具有市场支配地位的企业利用其在上游(或下游)的市场力量

① Bo Vesterdorf, *Theories of Self-Preferencing and Duty to Deal-Two Sides of the Same Coin*, Competition Law & Policy Debate, Volume 1, Issue 1, 2015, p. 4 – 9.

支持其下游(或上游)业务参与市场竞争甚至排挤其他竞争对手的行为。OECD 在 2020 年关于数字市场滥用市场支配地位行为的报告中,将自营优待行为归为平台滥用杠杆力量的行为,可以表现为拒绝交易、搭售或捆绑交易或者基于歧视待遇的利润挤压行为等。[①] 比利时列日大学的教授 Nicolas Petit 在 Bo Vesterdorf 的文章发表之后不久发表了一篇反驳文章,认为自营优待行为不仅可能涉及必需设施问题,还可能涉及歧视性行为、搭售行为、不公平定价行为、排他交易行为等。从目前既有的案例来看,至少欧盟没有将自营优待与必需设施规则捆绑,倾向于依据《欧盟运行条约》第 102 条处理自营优待问题。当然,自营优待有不同的表现形式,"优待"的具体方式也是多样的,从实施自营优待的手段来看,可以分为利用数据、利用算法和利用平台市场力量实施的自营优待,而从优待行为的表现形式看,可以是拒绝交易或排挤竞争对手型的自营优待,搭售或捆绑交易型的自营优待和歧视待遇型的自营优待等。

一、利用数据进行的自营优待

利用数据进行自营优待,是指企业利用其平台优势采集平台上商家的相关数据,并利用这些数据支持其自营业务,此类自营业务与平台上商家之间具有直接的竞争关系。这种自营优待

---

① OECD, *Abuse of Dominance in Digital Markets*, 2020, p. 54.

行为会使平台上那些与平台自营业务有竞争关系的商家处于不利的地位，导致不公平竞争。这种模式的自营优待主要发生在电商领域。2020 年 11 月，欧盟委员会发布了一份新闻稿，披露其已经就 Amazon 的自营优待行为发出了异议声明。在这份简短的新闻稿中，欧盟委员会副主席、竞争委员 Margrethe Vestager 指出，“像 Amazon 这样具有市场力量且扮演双重角色的平台不得损害竞争。那些涉及第三方卖家活动的数据不应当被用于助益作为这些卖家竞争对手的 Amazon，平台的竞争规则应当是公平的，其规则不能人为偏袒 Amazon 自己或那些使用其物流解决方案的零售商家”。

Amazon 作为一个电商平台同时扮演了两个角色，一方面其经营着自营电商业务，另一方面也为第三方卖家提供网上集市服务。作为后者服务的提供者，Amazon 可以接触到大量第三方卖家的非公开商业数据，如订单数量、包裹数量、卖家的收入和店铺访问数量以及关于卖家的发货情况、过去的业绩、消费者的投诉等数据。Amazon 的员工大量积累这些数据并直接自动用于校准 Amazon 自营电商业务的商业策略和报价策略，例如，利用这些数据 Amazon 可以聚焦于供应那些最畅销的产品并根据竞争对手的非公开数据调整它的报价。2020 年 11 月，欧盟委员会在调查后初步认为，Amazon 利用了其在网上集市市场上的支配地位，不当地收集并使用非公开的数据，排除了相关市场的竞争，涉嫌违反《欧盟运行条约》第 102 条的规定。美国国会众议院发布的《数字市场调查报告》也指出 Amazon 存在此类行为，司法委员会通过对相关市场参与者的调查以及公开报告、Amazon 自己的内部文件证实，早在 2009 年 Amazon 就采取了这种商业策略，并一直沿用至今。Amazon 通过第三方卖家的数据锚定那些受市场欢迎且利润率高的产品，将这些产品列入自营销售的产品序列，且直接向生产商采购，从而搭上第三方卖家的“便车”并最终将第三方卖家排挤出市场。① Amazon 在接受美国国会调查的过程中提出了一些抗辩意见，包括其自营业务在整个电商业务中占比相对较低，并没有动力滥用第三方卖家的数据；Amazon 使用的是“聚合性数据”而不是特定卖家的个人数据；Amazon 基于第三方卖家数据开发的数据产品和市场营销工具也可以提供给第三方卖家等，《数字市场调查报告》对这些抗辩意见都做了比较详细的反驳。

二、利用算法进行的自营优待

利用算法进行自营优待，主要是指平台在向用户搜索推荐的过程中偏袒自营业务，不公平对待依赖于其搜索结果的竞争对手，从而支持自营业务的发展。这种模式的自营优待，以 Google 为代表，Apple、Amazon 也都遭到了类似的指责甚至被发起反垄断调查。

---

① US House of Representatives, *Investigation of Competition in Digital Markets*, 2020, p. 275.

在 Google shopping 案中,欧盟委员会认定 Google 在通用搜索页面上给予自营比较购物服务更有利的位置和展示空间,也就是说在通用搜索页面上更偏袒于自营比较购物服务。那些与之有竞争关系的比较购物服务虽然也能在搜索结果页面上显示,但通常都会被搜索算法降级排序,而 Google 自营的比较购物服务不仅可以获得更显著的搜索位置和更丰富的展示形式,而且永远不会被算法降级排序。对于比较购物服务的导流而言,来自通用搜索的流量占据了非常大的比重而且无法被其他流量来源取代,Google 的这种自营优待行为降低了竞争对手的流量而增加了自营服务的流量。欧盟委员会认为,这种自营优待行为,首先,会排挤与之有竞争关系的比较购物服务,提高社会商业成本和消费者的购物价格,遏制创新;其次,会妨碍消费者获取那些关联性最优的比较购物服务;最后,得到优待的自营比较购物服务的收入增长,会进一步强化 Google 通用搜索和比较购物服务的市场力量。另外,除了在比较购物服务领域的自营优待之外,根据美国国会众议院的报告,Google 在搜索方面还针对其他垂直搜索服务、在线视频服务(YouTube)等存在类似的自营优待行为。

2019 年,美国《华尔街日报》和《纽约时报》曾报道称,Apple 在 AppStore 的搜索结果中偏袒自己开发的应用程序。《华尔街日报》解释说,“Apple 自己开发的 App 在搜索结果中总是排在竞争对手之前,这是一个巨大的竞争优势,它绕开了 Apple 在搜索排名方面的一些规定”。《纽约时报》则称,经过 6 年对应用商店搜索排名结果的分析，Apple 拥有的 App 在至少 700 个常用搜索词中排名第一。“即便应用程序的开发者可以向 Apple 支付费用，让其在搜索结果的顶部放置广告，但某些关键词搜索显示，在竞争对手的搜索结果之前竟然有多达 14 个 Apple 的应用程序。”在 Apple 推出其音乐应用服务之前，Spotify 长期以来一直是“音乐”类 App 搜索的首选结果，然而 Apple 音乐在 2016 年 6 月加入 AppStore 后不久就迅速成为首选搜索结果。截至 2018 年年底，Apple 的 8 款应用占据了“音乐”类 App 搜索结果的前 8 位，而 Spotify 则跌至第 23 位。同样，Audiobooks. com 在“书籍”类 App 的搜索排名中也曾高居榜首近两年，但在 Apple 开始销售电子图书后不久就被 Apple Books 取代。Apple 在接受《华尔街日报》采访时表示它使用了 42 个因素来确定应用程序的排名，其中最重要的四个因素是下载量、评分、相关性和用户行为，用户行为是最重要的因素，因为它用以衡量用户选择和应用程序下载的频率。尽管如此，那些预装在 iPhone 手机上的 Apple 应用程序“仍然趋向于排在搜索结果的第一名，即使用户搜索其他应用程序的确切名称时也是如此”。例如，Apple Books 没有评论或排名，在搜索“书籍”时却首先出现，而与之竞争的应用程序有成千上万的用户评论，在 Apple 的五星评级系统中有 4. 8 或 4. 9 颗星，却排名其后。其他如音乐、新闻、电视和播客等的搜索结果也都显示 Apple 音乐、新闻、电视和播客是搜索结果中排名最高的，尽管这些应用程序没有任何评论或排名。Apple 作为 iOS 供应商其能够将 AppStore 指定为应用开发者向 iPhone 手机用户分发软件的唯一途径。Apple 利用其对 iOS 和 AppStore 的控制，给自己的应用程序提供了优待，并运用了一套与第三方应用不同的规则对第三方应用的行为进行惩罚。①

三、利用平台力量进行的自营优待

利用平台力量进行自营优待，更多是平台利用自身市场力量的杠杆化支持关联自营业务，利用数据或算法也属于广义上平台对其市场力量的滥用，狭义上的平台市场力量则更为直接，就是在其发展纵向一体化数字生态业务的过程中，利用其核心业务的市场支配力支持其上/下游业务的竞争和发展，最为关键的是这些上/下游业务对于核心业务有着明确的依赖关系。Google 和 Amazon 是被指责滥用平台力量进行自我优待最多的平台。

为了保持在线搜索领域的主导地位，Google 在 2006 年投资收购了 Android，并逐步借助 Android 系统将其在 PC 端在线搜索领域的主导地位扩展到移动设备上。Google 要求任何想要获得 Android 授权的智能手机制造商预装 Google Search 和 PlayStore。Google 还与智能手机制造商达成了收入分成协议，

---

① US House of Representatives, *Investigation of Competition in Digital Markets*, 2020, p. 360 – 362.

根据协议智能手机制造商将从 Google 在其设备上使用 Google 应用程序所获得的搜索广告收入以及 PlayStore 收入中获得分成。作为回报,制造商不仅要携带 Google 的应用程序,还要确保 Google Search 是预装在制造商设备上的默认和独家搜索应用程序。欧盟委员会调查发现,在 2009 ~ 2014 年,Google 将预装的应用程序数量从 12 个增加到 30 个。证据文件还显示,Google 甚至利用其 Android 系统的市场力量杠杆作用,推动硬件制造商给予 Google 产品高于制造商产品的特权,Google 曾向三星施压要求其在三星提供的应用中推广谷歌应用。2018 年,欧盟委员会经过三年的调查,最终认定 Google 在通用搜索、智能移动操作系统(Android)以及基于 Android 的移动应用商店(App store)三个市场上具有支配地位,从事了以下三项违法垄断行为:(1)要求移动设备生产商捆绑预装 Google Search 和 Chrome 浏览器等应用软件;(2)通过授权协议,给予移动设备生产商和移动网络运营商等高额经济激励,以促使与之达成独家预装 Google Search 的协议;(3)阻碍设备生产商使用 Android 的可替代版本。此外,2021 年 6 月,法国竞争管理局对 Google 在在线广告中介服务领域的自营优待行为作出了高额处罚,局长 Isabelle de Silva 称本案是全球第一个深入审查在线展示广告算法拍卖程序的案件。在线广告发布商通常需要借助广告服务器和广告拍卖平台(the platforms for the programmatic sale of advertising space,SSPs)实现在线广告的销售,前者相当于广告发布商的经销商,后者相当于广告销售撮合平台,通常都通过程序化拍卖自动实现发布商与广告主的价格匹配,广告服务器和广告拍卖平台是紧密衔接的。Google 在广告服务器市场上具有支配地位,旗下的广告服务器 DFP 和广告拍卖平台 AdX 除了彼此联通外,也会链接第三方的广告拍卖平台和广告服务器。新闻集团等在线内容供应商(同时也是广告发布商)投诉称,Google 的 DFP 和 AdX 存在捆绑自营优待行为,具体如 DFP 会将其他广告拍卖平台(SSP)上的报价告知 AdX,AdX 会据此优化其报价,甚至不惜为此调整自身的佣金来应对其他 SSP 的竞争压力;反过来,AdX 不允许接入其平台的第三方广告服务器与其他的广告拍卖平台链接。法国竞争管理局认为这些行为不仅损害了在线广告中介服务市场的竞争,也令在线广告发布商的利益受损,最终对 Google 处以 2.2 亿欧元的罚款,并迫使 Google 承诺向第三方的广告拍卖平台和广告服务器全面平等开放 DFP 和 AdX,承诺监督期为三年。

在美国国会众议院《数字市场调查报告》中还提及了 Google 在数字地图业务上的自营优待行为。Google 不仅自己提供 Google Maps 的服务,同时也提供依赖地图数据输入的非地图类服务。但是,Google 对于那些与之竞争的非地图类服务商给予的 Google Maps API 的许可授权协议中施加了各种各样的限制,例如在地图缓存方面的不平等限制,地图缓存可以令存储服务器在下次召回时快速调取地图映像,否则每次都得重新绘制地图,过程就慢得多。曾经的 Google Maps API 的版本是允许开发者接入地图缓存的,但最新的版本添加了这项限制,这导致建立在 Google Maps API 上的第三方 App 无法获得地图缓存,那些基于 Google Maps 的产品如本地搜索服务或酒店搜索就没有类似的限制,这使它们的加载速度比第三方 App 运行得更快。

2020 年 11 月,欧盟委员会宣布对 Amazon 黄金购物车(Buy Box)的 Prime 标签策略行为启动反垄断调查。欧盟委员会担心,Amazon 设定将商品选入黄金购物车中并向 Prime 会员推销的行为,可能会导致对 Amazon 自营零售业务或使用 Amazon 履约服务的商家有所偏袒。除了可能通过黄金购物车策略实施自营优待之外,Amazon 还会利用其在网上集市市场的优势,向商家捆绑推销履约服务(FBA)和广告服务。美国国会众议院的报告指出,2020 年 3 月,Amazon 宣布将暂时推迟所有非必需产品从其仓库发货,无论这些产品是由 Amazon 销售还是由第三方竞争卖家销售的。该公司声称这样做是为了更好地服务客户,同时也有助于确保仓库工人的安全。这一改变的效果是阻止第三方卖家通过 Amazon 的物流服务配送新的"非必需"商品库存。然而 Amazon 自营的"非必需"商品却似乎不受这一策略的影响。另外,由于 Amazon 将它的履约服务和 Prime 卖家标签捆绑在一起,而"使用 Amazon 的 FBA 服务是第三方卖家产品获得 Prime 标签的唯一途径",对于平台上的第三方卖家而言触达 Prime 会员是非常关键的。因此,很多第三方卖家为了保持在商品搜索结果中有利的位置,为了接触到 Amazon 超过 1.12 亿的 Prime 会员,以及为了获得进入 Amazon

黄金购物车的机会,他们别无选择,只能为 FBA 付费。2021 年 12 月,意大利竞争局先于欧盟委员会对 Amazon 在意大利境内的上述行为处以 11.8 亿欧元的罚款。与 FBA 服务类似的是 Amazon 的广告服务,美国国会众议院报告起草小组的调查表明,44% 的消费者在 Amazon 购物时倾向于只浏览前两个搜索页面,如果一个卖家没有出现在前两个页面中,那么它实际上是不可见的。Amazon 的产品和品牌推广工具可以让卖家确保他们在搜索结果中对特定的关键词进行优先排序,这意味着第三方卖家不得不购买 Amazon 的广告服务。更有甚者,还有人指责 Amazon 不允许那些与 Amazon 平台自营零售业务有竞争关系的商家购买其广告服务,以达到削弱竞争对手的目的。

以上是从平台企业实施自营优待的方式或路径来分析和看待自营优待行为的。自营优待行为本质上被认为是一种滥用市场支配地位的单方垄断行为,从垄断行为的类型上看,其可能是拒绝交易行为、歧视行为、搭售或捆绑交易行为、利润挤压行为乃至过高定价行为,这些行为在数字经济时代之所以会被冠以新的概念,关键在于数字平台的生态发展已经超越了传统工业经济时代上、下游单线性产业链结构。数字经济体发展出一种立体网状的结构,不同的业务之间可能更多表现为交叉网络效应而不是简单的上下游关系,这就使得数字平台在发挥自身的市场力量支持其某项自营业务时可能不仅仅是发挥在一个市场上的市场力量的杠杆作用,而是多个力量同时使用。例如,Google 在支持其比较购物服务业务的发展时,可能既利用了

Google Search 所积累的大量用户数据资源,同时也利用了内部排序算法作为手段,也可能利用 Google Search 的市场力量或 Android 操作系统的市场力量;而被支持的业务反过来也会进一步强化数字平台在既有市场的市场支配力,例如,Amazon 支持其履约服务(FBA)的发展,这套履约服务不仅能给 Amazon 带来巨大的经济收入,同时也可以采集到更庞大和更多维度的商家和消费者数据,对于强化 Amazon 的数字经济生态显然会有巨大贡献。

对超级平台的自营优待行为进行监管面临的一个挑战在于,数字平台的竞争自由边界如何划定?也就是说,如果数字平台发展一项新业务,而这项新业务可能是生长在数字平台之上的,或非常依赖于数字平台所提供的资源,那么数字平台发展的这项新业务如何与既有的市场参与者竞争才是自由且公平的呢?按照 Bo Vesterdorf 在 2015 年文章中的观点,只有那些构成必需设施的企业,才承担而且只承担最低限度的不偏袒自营业务的义务。我们必须承认,一个数字平台或数字经济体,无论其规模大小,都有权利发展新业务进入新的市场参与竞争,这是市场经济赋予的企业权利。也就是说,在线网络交易平台发展自营电商的权利或自营电商平台发展网络交易平台业务的权利是应当获得尊重的,这不仅是经济自由、权利平等的问题,而且鼓励市场参与者积极参与市场竞争是符合社会经济效率目标的,更何况那些数字平台在某些新业务上进行开拓本身也可能会带来更大的经济效率。然而,反垄断法守护的是市场公平竞争,任何一个市场参与者都应该接受相同的市场竞争条件,否则相关市场的竞争会被扭曲,最终导致市场竞争消失,只留下极个别的市场参与者,而且该市场参与者还会利用其市场力量压榨消费者谋取垄断利润,这是反垄断法所不能接受的后果。因此,在反垄断法的框架下去判断数字平台投入资源发展新业务的边界在哪里,实际就是对自营优待的法律评估问题。很显然,数字平台从新业务的竞争对手所取得的信息和资源不能被滥用于自营业务的竞争,例如将从第三方卖家所采集的数据在未经得他们同意的情况下单方面地用于支持自营业务的发展,这是监管机构禁止自营优待行为的基本原则;作为上游服务供应商或新业务的生态载体,数字平台应当非歧视地向所有新业务市场参与者开放,不应当人为增加自营新业务竞争对手的经营成本或市场进入壁垒,也不应当人为降低自营业务应当承担的成本,例如以搜索算法屏蔽或降级的方式故意压减竞争对手在搜索排序中可获得的流量,或者故意抬高竞争对手购买广告或流量支持的产品价格,而给予自营业务免费或明显更低价格的产品支持等。总之,自营优待行为已经成为各国执法机构针对数字经济滥用市场支配地位行为重点打击的对象,已经发生和正在发生的案例表明,是否构成必需设施不会成为认定自营优待行为的法律障碍,但是对自营优待行为可能带来的经济效率还需要做更深入的研究和思考,避免矫枉过正。

第五章　数字经济中的并购控制

2015 年 OECD 的一份报告统计显示，与数据有关的并购案 2008 年是 55 件，到 2012 年就增长到了 164 件。[①] 2020 年 9 月，美国 FTC 公布了一份关于 Google、Amazon、Apple、Facebook、Microsoft 5 家大公司（GAFAM）自 2010 年至 2019 年末申报的并购交易的报告。在审视了五大公司交易额超过 100 万美元的 616 项交易后，报告指出有 94 项交易达到了 HSR 法的申报门槛，并要求各公司补充提交相关材料。中国在 2020 年开始针对数字经济领域的违法未申报经营者集中行为进行查处，至 2021 年年末，已经对 88 件违法实施经营者集中的案

① OECD, *Data-Driven Innovation: Big Data for Growth and Well-Being*, 2015.

件作出行政处罚，处罚金额 6000 万元。[①] 2021 年之前，数字经济领域的并购行为基本没有被世界各国的反垄断机构否决的案例，甚至大部分的并购案件不需要进行反垄断申报。从现有的反垄断并购控制规则来说，主要原因有两个，第一，当前全世界绝大部分反垄断机构所采取的都是营业额或是资产额标准，但是大多数并购案件中被收购的数字企业都是小企业，其营业额很低甚至为零，因此，整个并购案件涉及的营业额或资产额达不到申报门槛，无须申报；第二，数字经济领域的并购往往属于混合合并（conglomerate merger），也就是收购方和被收购企业的核心产品不具有竞争关系，双方所在的核心相关市场不重叠甚至不具有上下游关系，如 Google/DoubleClick、Facebook/WhatsApp 案等，混合合并通常认为不会导致反竞争的效果，因此，即便是那些申报的案件，也都通过了反垄断机构的审查。

关于过去 20 年间反垄断机构对数字经济领域并购行为的监管政策，质疑声浪越来越大，但即便是奉行更严厉监管政策的欧盟及其成员方，在并购审查方面也未见有所动作，归根结底主要原因在于从传统的反垄断并购控制规则出发，执法机构确实很难就那些并购交易作出应当附加限制性条件甚至禁止的审查结论。但是，自 2020 年年末以后，针对数字经济领域的并购控制明显收紧，2020 年 12 月欧盟委员会附条件批准了 Google/

---

① 韩亚栋：《改革创新开创反垄断工作新局面》，载中央纪委国家监委网 2021 年 12 月 19 日，https://baijiahao. baidu. com/s? id = 1719536944191212997&wfr = spider&for = pc。

Fitbit 收购案,2021 年 11 月 30 日英国竞争与市场监管局否决了 Facebook/Giphy 并购案,2021 年 8 月美国 FTC 重新提交的起诉书明确要求 Facebook 分拆包括且不限于 Instagram 和 WhatsApp 等资产,并要求 Facebook 的所有并购都应当进行反垄断申报。

第一节　数字企业并购控制的竞争分析新理论

关于数字企业并购控制的竞争分析,传统的反垄断分析框架仍然是有效的,即核心仍然是并购带来的协同效应和单方效应分析,但是数字经济所具有的特殊性会令竞争分析考虑的因素更加丰富,如网络效应、多栖性、创新、潜在竞争、数据和算法能力、必需设施等,使数字企业的并购竞争分析呈现出几乎全新的面貌,当然回归本源仍然是并购是否会导致横向竞争的损害或带来市场集中导致的垄断力滥用风险等。

一、横向合并的竞争分析

1. 网络效应和多栖性因素。网络效应是数字经济最主要的特性。如果网络效应导致并购主体排挤竞争对手或令竞争对手拓展用户变得更困难也即提升了市场进入壁垒,或者说网络效应放大了并购后的企业的市场力量,就会成为反垄断机构的重大关注,当然,反垄断机构也会同时考量可以对网络效应的反竞争效果产生抵销或抑制的用户多栖性。在 Microsoft/Skype 案中,网络效应就是非常重要的考量因素。Microsoft 同时运行两个通讯服务即面向消费者(To C)的 Windows Live Messenger(WLM)和面向商户(To B)的 Lync,Skype 则是提供网络通信服务的软件公司。并购双方均提供包括短信、语音和视频通话的即时通讯服务。欧盟委员会重点关注的是视频通讯服务,因为该项并购会导致出现一个市场领先的视频通讯服务提供者。欧盟委员会指出,使用视频或语音通讯的用户通常都是小圈子如 4 ~6 人的社交,用户很容易切换到其他的服务提供商,这会大大削弱网络效应的潜在反竞争效果。经过市场调查和取证,欧盟委员会发现在网络即时通讯市场上的多栖性程度是非常高的,例如 20% ~30% 的 WLM 用户同时也是 Skype 的用户,而 Skype IM 的大量用户同时也是 Yahoo Messenger、WLM、Gmail、Facebook 等的用户。因此,尽管视频通讯服务具有很强的(直接)网络效应,但是这个市场的用户多栖性程度很高,网络效应导致的反竞争效果在很大程度上可以被用户的多栖性抵销,欧盟委员会最终还是认定该项并购案不会产生严重的竞争损害。

2. 基于市场流量的反竞争效果。在市场流量上有直接竞争关系的企业之间的合并,即便合并企业提供的是不同的产品或服务,也可能会提升合并后的企业的市场力量。在 Facebook/WhatsApp 案中,WhatsApp 既不售卖广告也不售卖用户数据,但是其拥有非常有价值的用户流量。欧盟委员会在本案中主要考虑的是并购完成后 Facebook 是否会利用 WhatsApp 的庞大用户数据去投放定向广告，这将导致 Facebook 强化其在在线广告市场上的市场力量。经过市场调查，欧盟委员会的调查结果显示，如果 WhatsApp 利用用户和数据积累开展定向广告业务，可能导致用户的大量流失，或者即便 Facebook 整合了 WhatsApp 的用户流量开展在线广告业务，市场上仍然有大量的可供用户选择的竞争对手，最终欧盟委员会批准了此项合并。然而，2020 年欧盟委员会附条件批准的 Google/Fitbit 案，同样是考虑用户流量和数据积累的因素，执法机构却表达了不同的竞争关切，最终以 Google 承诺 10 年内不将 Fitbit 的相关用户数据用于广告业务等承诺换取合并案的最终过关。

3. 潜在竞争损害。在数字经济中，大量的并购可能是针对初创型企业的。这些初创型企业暂时不会给既存企业带来实际的竞争约束，但是未来可能会是潜在的竞争对手，这就需要考虑并购中的一方是否会成长为有效竞争力量或是否并购后市场上还会存在或保留足够多的实际或潜在的竞争者给并购后的主体带来有效的竞争约束。在 Google/Doubleclick 案中，DoubleClick 是一家领先的展示广告服务提供商，欧盟委员会在本案中重点分析了 DoubleClick 是否有能力提供广告中介服务，从而进入捆绑在线广告中介和广告服务工具产品的市场以及 Google 是否可能成为展示广告服务提供商，这两种发展方向都可能使并购双方最终成为直接的竞争对手，从而需要考虑并购对潜在竞争的影响。在确认 DoubleClick 有发展广告中介业务计划的前提下,欧盟委员会进一步分析 DoubleClick 是否能真正发展出竞争力以及并购后市场上是否留有足够多的竞争者。经过深入分析,委员会认为不能排除 DoubleClick 能够在广告中介服务市场发展出竞争力,同时,委员会相信并购后的市场仍然留有足够多的竞争者给予并购后主体以竞争约束。此外,欧盟委员会还分析了如果不进行此项并购交易,Google 是否也能发展出有竞争力的展示广告业务,结论是 Google 未必能发展出有竞争力的展示广告业务,Google 即便进入这个市场也不过是众多竞争者之一而已。然而讽刺的是,2021 年 6 月,法国竞争管理局对 Google 利用 DoubleClick 在广告中介业务上自营优待行为的查处,似乎反证了欧盟的分析结论。

4. 对创新的损害。如果一项并购涉及两个重要的创新企业或会导致某个有前景的渠道产品企业消亡,通常来说这项并购对于竞争是有巨大损害的。但是目前在数字经济环境下还没有相应的可举案例。2017 年的 Dow/Dupont 案,虽然不涉及数字市场,但这个案件是欧盟第一个关于创新损害作为竞争分析要素的案件,欧盟委员会在审查中确实考虑了并购对创新的影响并采取了相应的救济措施来消除潜在的竞争关切。两家企业是农作物保护化工业的巨头,该行业的技术创新非常重要,且集中度很高。调查表明这两家企业确实在很多创新领域有着竞争,欧盟委员会担心这项并购会令两个企业正在进行的创新工作的动力削弱,最终欧盟委员会附条件批准了此项并购,要求 DuPont 剥离其全球农药业务,也包括它的农药研发部门。

二、纵向合并的竞争分析

1. 网络效应和单栖性带来的封锁效应。网络效应会带来潜在的市场壁垒,从而提高封锁效应发生的可能性,强化并购后主体采取排他性措施的反竞争效果。在 Microsoft/LinkedIn 案中,Microsoft 在操作系统和 PC 端软件产品市场上具有很强的市场力量,而 LinkedIn 在职业社交网络市场处于领先地位,欧盟委员会分析了并购后 Microsoft 是否会将市场力量传导给 LinkedIn 从而加强其竞争力排挤竞争对手,方式包括将 LinkedIn 应用预装到 Windows 的 PC 上,或将 LinkedIn 整合进 Microsoft 的 Office 中,以及将 LinkedIn 的竞争对手排挤出 Microsoft 的生态系统,如拒绝竞争对手接入 Microsoft 的 API 等。欧盟委员会确认了上述封锁策略的可行性和现实性,甚至在 Microsoft 的内部文件中发现有类似的策略内容。接下来,委员会评估上述行为对竞争的影响。首先,LinkedIn 是具有很强网络效应的社交网络,对潜在竞争对手构成了天然的市场进入壁垒,这会令 LinkedIn 更倾向于发展成行业的独角兽,从而会强化上述封锁行为的反竞争效果。其次,对于网络效应有抵销效果的多栖性在职业社交网络市场上较弱,而本项并购有可能进一步减弱这个市场的多栖性。最终,Microsoft 就委员会所担心的封锁策略提交了相关和解承诺。

2. 作为必需设施的数据。通过并购产生更大且更多元化的数据库从而令并购后的企业拥有排挤竞争对手的竞争优势，这是数字经济时代并购竞争分析中关于单方效应的主要竞争关切之一。传统的并购控制中，关于封锁损害的分析主要是指，当交易涉及的产品互补时，可能会导致并购后企业的竞争对手无法获得其所需的原料输入。在数字经济时代，两个独立数据库的合并就可能引发后续的封锁行为。当然，数据库的扩大和多元化也是具有经济效率的，很多并购行为在数据整合方面更多的还是考虑如何能更好地为消费者服务而不是滥用市场力量。在Apple/Shazam案中，并购后市场上其他企业的数据接入问题成为最主要的考量内容。Shazam是一家领先的听歌识曲软件，同时也从事在线广告业务，对音乐数据授权和进行音乐数据分析是其开展业务的重要模式。Apple在建立了强大移动生态系统的同时也从事数字音乐业务。首先，欧盟委员会分析这项交易是否会令Apple获得音乐流媒体平台特别是其主要竞争对手Spotify的商业敏感信息，结论是Shazam在Android平台上确实可以获得很多属于竞争对手的如用户身份、安装其他音乐流媒体软件的情况等敏感信息，但是Apple成功说服欧盟委员会其主要目标不是争取竞争对手的用户而是发展新用户，而且在并购后会要求Shazam根据Apple的隐私政策收集用户数据，而Shazam在Android平台上的数据收集活动在Apple的控制范围之外，如果Apple要采取此类策略排挤竞争对手的话不需要通过这项交易去实现。其次，欧盟委员会分析了Shazam收集的数据是否构成了音乐流媒体服务的必需设施或重要输入，例如是否对提升现有功能、开发新功能甚至为开发新用户具有非常重要的作用,如果是的话,拒绝数据的接入就可能对竞争产生严重影响。委员会评估了 Shazam 的数据,最终认为这些数据在市场上并不具有唯一性或特殊性,Apple 在并购后即便拒绝 Shazam 数据的外部访问,也不会产生严重的反竞争效果。

三、关于数字企业并购的竞争分析系统性改进建议

以上是基于目前有限的数字企业并购审查案例归纳总结的竞争分析考量因素,其中大部分都是超越传统分析框架的内容,但是毕竟案例有限,显然还不成系统和体系,实际上国际反垄断界关于数字企业并购控制的真正反思也不过是短短数年而已。2019 年的 Furman 报告针对并购控制的竞争评估提出了以下相对更为系统性的改进建议:(1)加强对多边平台市场的分析,包括关于平台之间的可互操作性以及用户转换平台及多栖的意愿和能力等的分析;(2)高度关注数据资产在数字市场竞争中的作用,在并购方面,不同数据源的整合会提升在位者的优势,限制竞争;(3)对零价策略的平台市场竞争做更深入的研究和讨论,包括消费者虽然免费获得服务但究竟支付了什么对价,以及零价格情况下高于竞争性市场价格的评判等;(4)在并购的单方效应中将对创新的损害作为明确的评估内容;(5)更加关注并购双方在当下并非直接竞争对手但并购可能导致未来潜在竞争的损害的情况,并且应当对此提出评估解释方法;(6)对于长

期忽略的非横向合并给予更多的关注，拓展对反竞争动机的论述，要认识到数字企业长期以来都在寻求力量的最大增长；(7)对交易的价值给予与市场价值、企业营业额等指标同等关注，并且给予足够的重视；(8)对于并购之前收购方的行为证据的关注将有助于评估收购方的并购策略及并购效果；(9)以并购发生前的竞争状况为评估竞争实质受损的基础，即便竞争已经受限的情况下更加需要保护竞争；(10)将导致产生或强化支配地位的并购视为明显损害竞争的并购；(11)相比于经济学分析，经验性证据也应当给予重视；(12)虽然并购可能带来促进竞争的效果，例如将少数创新性产品推广到更广阔的市场，更需要考虑是否同样的收益可以通过更低竞争担忧的并购方式实现。

总体来看，未来对于数字企业并购的竞争分析，除了在网络效应、规模效应、数据集中等数字经济特性方面提高关注度和分析能力之外，对于数字企业的并购动机、并购前后的竞争状况的对比分析，甚至对少数数字巨头赋予申报的强制义务等方面都是需要强化的，保护潜在竞争和潜在创新应当成为数字经济并购控制规则改革的主要方向。

第二节　数字企业并购控制政策的检讨和改革

在过去的 10 余年间，美国的五大互联网企业 GAFAM 在全世界实施了数百起并购，但没有一起并购案件被各国的反垄断审查叫停。2020 年 12 月,欧盟附条件批准的 Google/Fitbit 案是数字经济领域第一例附条件批准的并购案,而 2021 年 11 月英国竞争与市场监管局否决的 Facebook/Giphy 案则成为第一例被否决的并购案。美国在新布兰代斯学派的代表人物 Lina M. Khan 被任命为 FTC 新任主席之后,才在 2021 年 8 月新提交的起诉书中向法院申请拆分 Facebook 的 Instagram、WhatsApp 等资产。

数字经济时代,反垄断监管对于数字企业并购监管乏力的现象引起了广泛讨论,甚至成为人们指责既有的反垄断规则不适应于数字经济时代的主要表现之一。关于数字企业并购的最大担心是那些涉及对初创型企业的并购,这种并购被称作掐尖式并购(nascent acquisition or start-up acquisition)。初创型企业往往成长迅猛,对大型互联网平台带来显著的潜在竞争压力,而且据统计分析,大型互联网平台对初创企业的并购完成后,大部分初创企业或其产品最终都消失了,这种并购又被进一步贴上了“猎杀式并购”(killer acquisition)的标签。一般来说,成熟企业与初创型公司之间的并购也会带来协和效应和经济效率,初创型企业将它们的创意、产品和服务与成熟企业的技术、资金和财务能力结合起来促成新产品的商业化,而且初创企业被收购也是风投资本退出的重要路径。然而,这种并购最直观的后果是大型互联网平台早早地消灭了未来的竞争对手,提高了其他潜在竞争对手的市场进入壁垒,从而强化自身的市场支配地位,而且这种效果又被数字经济的网络效应强化。因此,那些具有市场支配地位的企业实施的猎杀式并购引起的竞争关切更为严重。

然而,对于在数字市场中大量存在的所谓猎杀式并购,原有的经营者集中审查的并购控制措施似乎失效了,表现在两个方面,首先,传统的经营者集中审查制度对于需要申报的并购案件设置了门槛,申报标准基本都是以并购企业的营业额为基准的,而绝大多数的初创型企业的营业额都达不到需要申报的标准,它们也许只是开发了非常具有潜力甚至是已经成功的产品,建立了庞大的用户基数,并期待着将庞大的用户积累最终转化为收益。对于收购方而言,初创企业的产品竞争力并不反映在其营业额上。其次,即便初创企业的营业额达到了经营者集中的申报标准,提交反垄断机构审查,这些并购交易往往也很难被认定为是反竞争的,一个重要原因就是很多针对初创企业的并购并不是存在业务重叠的横向并购,可能是纵向并购甚至是跨业务并购,而反垄断机构对于非横向并购的竞争评估相对宽容得多。

对于猎杀式并购的监管漏洞问题,人们提出了一些改革建议:(1)放弃以并购企业营业额为申报门槛的唯一计算标准。在欧盟层面,尽管有诸多讨论,目前的规则仍维持了营业额标准。在欧盟成员中,德国和奥地利是最早在营业额标准之外增加交易规模标准的国家,其目标就是针对数字企业的并购,但是这并没有导致那些低于原有营业额标准的申报案件显著增加。[①] 西班牙、英国和葡萄牙在营业额标准之外还设置了市场份额标准,西班牙就因为采取了市场份额的申报标准审查了 Apple/Shazam 案和 Facebook/WhatsApp 案,而在欧盟层面免于申报的 Facebook/Instagram 案和 Google/Waze 案,因为英国"供应商份额标准"制度,也经过了原公平贸易局的审查。[②]（2）另一种选择是要求一些特殊的经营者报告其所有的并购行为,在 Vestager 报告、Furman 报告和 Stigler 报告中均提出了类似的建议。法国就提出了"系统性企业"需要向法国竞争管理局报告所有并购案的新立法建议,挪威、意大利和荷兰也有类似的动作,实际上就是要求具有市场支配地位或优势地位的企业承担主动申报的特殊义务。（3）美国的 HSR 法确定了强制申报的交易额门槛标准,但是根据克莱顿法、谢尔曼法以及联邦贸易委员会法,美国执法机构有权主动调查那些可能存在反竞争效果但未触及强制申报义务的并购行为,中国的《反垄断法》中也有类似的规定。2021 年德国《反限制竞争法》第十次修正增加的第 39a 条,规定德国联邦卡特尔局有权要求那些收购未达到申报门槛的小型企业但符合一定条件的交易进行申报。[③] 总

① OECD, *Start-ups, Killer Acquisitions and Merger Control*, 2020, p. 44.

② Crémer, J., Y. de Montjoye & H. Schweitzer, *Competition policy for the digital era*, DG Comp of EC final report, 2019, p. 115.

③ Bundeskartellamt, *Rethmann Group / Remondis: Bundeskartellamt examines preconditions for extended obligation to notify future takeovers*, Bundeskartellamt (Jan. 28, 2022), https://www.bundeskartellamt.de/SharedDocs/Meldung/EN/Pressemitteilungen/2022/19_01_2022_Remodnis_39a.html.

之，加强猎杀式并购的控制几乎成为当前全世界反垄断界的主流声音，当然不免也有一些少数派意见，认为如果降低并购申报的门槛，意味着会有更多的交易需要经历并购审查过程，这必然会对并购交易市场造成遏制，影响并购市场的活力，可能给社会经济带来更大的负担。另外，那些因为并购申报门槛改革而新增进入审查范畴的并购案件，真正被确定存在反竞争效果且需要实施干预的案件极为罕见，以德国为例，2017 年《反限制竞争法》修订后，2017～2018 年两年间总共因新的申报门槛标准而纳入审查的并购案件合计不过 18 起，在申报案件总数中的占比几乎可以忽略不计，而且其中有 7 起案件德国联邦卡特尔局主动放弃了审查，另外 11 起案件都在第一阶段就无条件批准了。因此，从效果上看，通过修改申报门槛标准来加强猎杀式并购控制并不是最优解。相反，针对特定领域的特定企业的并购采取强制申报的措施似乎为更多数人所接受，Vestager 报告、Furman 报告和 Stigler 报告均提出了这一建议，而欧盟的《数字市场法》则意味着监管机构已经准备将之付诸实施了，美国和中国的相关立法改革也都有朝此方向发展的倾向。

另外，过去 10 余年的执法状况显示，即便是那些进入申报审查的数字企业并购案件，也基本上都被无条件批准了，这些审查都经历了严格的竞争分析。然而近年来有不少分析认为，其中有些并购产生了反竞争的效果，这促使人们反思既有的并购审查竞争分析框架可能不足以对数字企业并购做出准确的评估。无论是 Google/Fitbit 案被附条件批准，Facebook/Giphy 案被否决,还是美国 FTC v. Facebook 和 DoJ v. Google 的案件,都表明欧盟和美国反垄断界对数字经济竞争问题的反思和纠偏。2019 年英国竞争与市场监管局委托 Lear 公司对数字市场中已经发生的猎杀式并购案做了系统性事后分析,报告认为其中一半的案件并没有带来竞争问题,但另一半的案件可能没有保护能够给市场既存企业带来竞争压力的挑战者,尽管这些并购案件也可能提高经济效率。① 猎杀式并购的竞争损害理论和普通并购损害理论的不同之处在于,猎杀式并购不仅仅是消灭了一个潜在的竞争对手,而且是清除了一个产品,这类并购在损害竞争的同时也会损害产品的多样性,损害消费者的选择。基于既有的并购控制分析框架,对掐尖式并购或猎杀式并购进行竞争分析需要在各个环节做出一些调整,例如,在并购方的产品替代性分析方面,由于新兴企业的产品仍在初创阶段,对于新兴企业产品与收购方产品的重叠性或可替代性分析上,不能基于市场竞争现状,而要有面向未来的分析,这些分析可以依据行业内的相关报告、收购方的内部文件等证据。美国 FTC 在起诉书中指责 Facebook 收购 WhatsApp 等潜在竞争对手时,就大量列举了 Facebook 内部文件以及扎克伯格的言论作为证据。在竞争损害分析方面,需要考虑的是产品复制的效率以及产品是否构成紧密竞争对手,如果产品复制成本不高,那么即便因为并购而导

---

① Lear, *Ex-post Assessment of Merger Control Decisions in Digital Markets*, 2019, p. 12.

致初创企业的产品被搁置或“猎杀”，还是很容易出现类似的新产品，这种猎杀不会对市场竞争以及消费者利益造成实质性损害。另外，如果被收购企业的产品属于潜在的紧密竞争对手且用户具有显著的产品忠诚度，那么收购企业大概率不会轻易下线新产品，例如 Facebook 收购 WhatsApp 和 Instagram 后仍然维持了这两个产品，就是因为这两个产品有其固有的用户基础，复制同样的产品是不经济的。当然，对于猎杀式并购的另一项监管路径就是将其视为滥用市场支配地位的行为，美国的 FTC 和司法部分别针对 Facebook 和 Google 的诉讼中均将某些并购行为列为指责的对象，并寻求分拆的事后救济。

后　　记

作为一个反垄断从业者,早在几年前我就开始关注数字经济对反垄断法的影响,那时大家还习惯称之互联网经济、平台经济、新经济等,数字经济的提法在最近才逐渐流行起来并且已经成为这种新经济现象的通称。两年前因为工作原因,笔者有机会近距离观察所谓数字经济的实践形态,亲身感受并体验数字企业的运行方式,了解数字经济的商业逻辑,并且深度参与了中国关于数字经济的第一波反垄断实务事件。我还清晰地记得当时笑称自己要在离开时写出一本关于数字经济反垄断的书,没想到还真的应验了当时的一句笑谈。仔细想来,也是情理之中的事。关于反垄断法的研究和思考,我在第一本书《中国反垄断法:理论、实践与国际比较》的写作和不断修订的过程中已经形成了基本的方法论，也就是汇集国际反垄断界的主流理论成果与当下国际、国内的反垄断执法和司法实践，以及笔者自身的亲身实务经验，融汇形成当下反垄断法的常识图景，这本小书也是循此方法论累积成的。我不敢说这种方法论指导下表达的观点都是对的，但绝大部分内容都是有成熟理论和实践经验来源的，因此至少书中的内容都是客观的。

这本小书字数有限，只能说是对数字经济反垄断法的尝试性描述，作者虽然努力穷尽目力所及的国内外关于数字经济的反垄断理论研究成果和实践案例，仍不免挂一漏万，基于这些素材所提炼出来的看法也只是作者当下的阶段性观点，不代表其他任何人和任何组织，未来也不排除作者对本书中的观点作出修正。

作者在此要感谢两年来共同工作的各位同事以及其他所有在那些具体事务中共事过的反垄断执法官员、法官、律师和学者们，限于各种原因在此不一一点名表达谢意。还是那句话，中国的反垄断事业需要所有反垄断从业者们贡献力量，共促发展，我们更希望反垄断良法为中国经济的繁荣发展作出积极的贡献。

最后，还要感谢法律出版社法商分社的薛晗社长以及本书的编辑肖越女士，谢谢她们为本书所做的各种努力和工作。

2022 年春于北京望京办公楼